家族企业如何久而不倒

◎ 周锡冰 著

上海大学出版社

图书在版编目(CIP)数据

家族企业如何久而不倒/周锡冰著.—上海：上海大学出版社，2017.9
ISBN 978-7-5671-2915-3

Ⅰ.①家… Ⅱ.①周… Ⅲ.①家庭-私营企业-企业管理-研究-中国 Ⅳ.①F279.245

中国版本图书馆 CIP 数据核字(2017)第 230904 号

责任编辑 陈 强
封面设计 缪炎栩
技术编辑 章 斐

家族企业如何久而不倒

周锡冰 著

上海大学出版社出版发行
(上海市上大路 99 号 邮政编码 200444)
(http://www.press.shu.edu.cn 发行热线 021-66135112)
出版人 戴骏豪

*

南京展望文化发展有限公司排版
江苏句容市排印厂印刷 各地新华书店经销
开本 710mm×960mm 1/16 印张 17.25 字数 214 千
2017 年 10 月第 1 版 2017 年 10 月第 1 次印刷
ISBN 978-7-5671-2915-3/F·170 定价 39.00 元

自　序

中国有着浓厚的家文化传统，数千年来，家文化商业一直是主要的商业存在形式。但在近几十年的经济发展中，家族企业被视为落后管理的代名词而受人诟病，以至于很多家族企业不愿意承认自己的企业是家族企业，家族式管理的弊端被无限放大，其优势没有得到足够的重视。这就是今天我们探讨家族企业成功之道的重要原因。

在很多国人眼中，家族企业就是落后企业组织形态的代名词，“任人唯亲，裙带关系，管理混乱，公私不分”等，于是“人才”们纷纷逃离“落后”的家族企业而投奔到外企的“大王旗”下。殊不知，很多外企的母公司也是家族企业，公众对家族企业的普遍误解，也就不足为奇了。

事实上，企业的组织形式并没有好坏之分，关键要看是否适合企业发展的阶段性需要。家族企业模式尤其适合中小企业，因为它产权纽带紧密，利益分配清楚，家族成员相互了解，易于团结一致，共同发展，而且解决了核心团队内部的信任问题。意大利93%～98%的企业是家族企业，美国有80%～90%的企业是家族企业。美国GDP的64%是家族企业贡献的，62%的员工在家族企业里工作，60%的上市公司是家族企业。世界500强企业中的34%是家族企业。中国目前的民营经济对GDP的贡献度达到49%以上,很大一部分民营企业实际上就是家族企业,港台地区就更加普遍了。

作为一种古老的企业组织形式,家族企业遍布世界各地。据不完全统计,全世界80%以上的企业为家族所有或控制,这其中有不少世界知名的大型企业,如沃尔玛、福特、杜邦、摩托罗拉、松下等。在被公认为公司治理体制发育最完全的美国,家族及被家族控制的企业比例竟高达90%,最大的500家企业中的175家为家族所拥有。在欧洲许多国家,家族企业也是主要的经济主体。比如,法国60%以上的企业都是家族企业,英国家族企业的比例高达75%。在亚洲各国,家族企业大都居主导地位,东亚更是华人家族企业最为集中的地区。对此,亨利·福特在接受《华尔街日报》(*Wall Street Journal*)采访时强调:"如果硬要把家族企业说成是落后的企业,家族经营是落后经营的话,那么他们代表的肯定不是正确的观点。"

从亨利·福特的话中不难看出,家族企业有着良好的经营业绩。对于家族企业的营运业绩比非家族企业营运业绩更为出色这个问题,大家肯定会怀疑。不过美国《商业周刊》(*Business Week*)提供的数据研究中显示,家族企业股东平均年收益为15.6%,比非家族企业股东平均年收益11.2%高出4.4%;在资产报酬率上,家族企业为5.4%,而非家族企业为4.1%;在公司年收益成长方面,家族企业为23.4%,非家族企业仅有10.8%;比较公司年营业额增长率,家族企业达21.1%,而非家族企业只有12.6%,相差8.5%。数据表现出家族企业的经营方法应有其特别之处,才能呈现如此成果。

当然,良好的业绩不能掩盖家族企业的诸多问题。这主要是由于随着企业的发展,一方面企业规模的快速扩张导致企业对人力资本数量需求的大幅提高，而家族成员群体供给速度在人口自然增长率的影响下，一般会远远低于企业对人力资本需求的速度；另一方面由于企业规模的扩张，管理的复杂化，导致企业对高级人力资本需求的增多，而对于家族成员群体而言，高级人力资本要素拥有者要受到人才成长的概率等因素的影响，在家族成员这个小规模群体内，这种人才出产的概率极低，因此从质上看，家族成员群体很难保证对人力资本的供给。

同时，随着家族企业的成长，其内部会形成各种利益集团。由于夹杂复杂的感情关系，使得领导者在处理利益关系时会面临更复杂、甚至是两难的境地。企业领导人的亲属和家人违反制度时，管理者很难像处理普通员工那样一视同仁，这给企业内部管理留下了隐患。家族企业还有一个很普遍的特点就是，可以共苦但不可同甘。创业初期，所有矛盾都被创业的激情所掩盖，但创业后的三关——分金银、论荣辱、排座次往往给企业的健康成长造成了阻碍。当对待荣誉、金钱和权力的看法出现分歧时，亲兄弟之间、父子之间都可能出现反目现象。

那么作为家族企业如何才能基业长青、久而不倒呢？当我们研究多个百年家族企业之后发现，企业至今能够持续发展，离不开创始人所坚持的长赢基因。

这些基因包括恪守家训、诚信经营、家文化、顾客至上、目光长远等。当然，选择这些基因来分析，是因为中国家族企业的经营者们受到儒学文化的熏陶，传统的家训和家文化都会影响很多家族企业经营者的做人与经商。作者力求探索家训和家文化在家族企业经营中所发挥的作用，更好地指导中国家族企业的经营和发展。

在本书中，笔者介绍了很多内部原因导致家族企业夭折的陷阱，以失败案例来警醒家族企业经营者尽量避免步入这些陷阱中，客观地剖析家族企业的优势和劣势。

在本书中，笔者还介绍了家族企业持续经营和基业长青的方法，建议中国家族企业的经营者们在经营过程中，在坚守长赢基因的同时，还要做好家族企业的社会化、引进职业经理人、对家族企业绝对控股、投资决策科学合理、培养合格的接班人，以及与政府保持一定的距离。

笔者虽然研究家族企业近 20 年，但是对于家族企业的研究是没有终点的，本书总结了笔者多年研究心得，由于水平有限，希望读者批评指正。

周锡冰

2017 年 4 月 26 日

目 录

第一部分 世界上有千年的寺庙，也有千年的家族企业

第二部分　家族企业的长青基因

第一部分

世界上有千年的寺庙，也有千年的家族企业

世界上常见千年的古刹，却少有数百年的企业。这是一个问题，一个值得所有做企业的人深思的问题。如何才能有效地保障寺院生活的神圣与纯洁、保障寺院的兴盛与健康，这既是寺院管理的核心问题，也是现代企业管理者应该借鉴的地方。

——慧曼法师

第一章
家族企业是人类社会最长寿的组织之一

在中国大陆地区，提及百年的家族企业，不得不提乐显扬创建于清朝康熙八年(1669)的同仁堂，自创办到公私合营，其经营时间大约300年，传承10代。

同仁堂的案例表明，家族企业也是人类最长寿的组织之一。不过，饱经沧桑的家族企业，如乐家及同仁堂，至少超过百年时间处于遭遇经营困境的时期。由于家族企业本身的优势，使得同仁堂依然能够坚挺地活了下来。

再如创业于明朝永乐十四年(1416)的便宜坊，至今已有600多年历史。又如创建于明朝正统元年(1436)的六必居，至今已有581年的历史，如今其已经成为全国酱腌菜行业中规模最大的企业。从这组家族企业的现状来看，家族企业已经被证明是人类最为持久的组织之一。

第一节 人类社会最长寿的组织：宗教、大学、企业

在家族企业培训课上，我曾经问过很多学员一个问题："人类社会最长寿的组织是什么？"可能很多人都没有想过这个问题。

美国加州大学前校长克拉克·科尔(Clark Kerr)曾作过一个统

计，他发现人类在公元1520年以前建立的组织，目前仍然存在并以同样名字同样方式做着同样事情的只剩下85个，其中15个是宗教组织，另外70个是大学。

在克拉克·科尔看来，宗教组织和大学才是世界上寿命最长的组织。其依据是：如起源于公元前6世纪的佛教，如今拥有2 500多年的历史；起源于公元前1世纪的基督教，如今拥有2 000多年的历史；创立于公元7世纪的伊斯兰教，如今有拥1 400多年的历史。

从这些数据不难看出，宗教的确是人类社会最长寿的组织之一。在中国，佛教寺庙的历史可以追溯到公元67年创建的河南洛阳的白马寺，足以证明其长寿。在中国10大寺庙中，排在第10名的湖南南禅寺，也已拥有1 200多年的历史。详情见表1-1。

表1-1 中国十大古寺

寺　名	创　建　时　间
河南洛阳白马寺	东汉永平十年(67)是中国创建最早的、有记载的佛教寺庙
上海龙华寺	三国东吴赤乌十年(247)
浙江杭州灵隐寺	东晋咸和元年(326)
北京红螺寺	东晋永和四年(348)
河南嵩山少林寺	北魏太和十九年(495)
浙江东阳大智禅寺	南朝梁代(502—557)
北京戒台寺	唐武德五年(622)
陕西大觉寺	唐贞观元年(627)
北京法源寺	武则天万岁通天元年(696)
湖南常德南禅寺	唐建中三年(782)

在中国，道教是中国的本土宗教，奉老子为教祖，尊称“太上老

君”。武当山、青城山、龙虎山、齐云山、崆峒山、茅山等，都是中国道教名山。著名的道观见表1－2。

表1－2　中国著名的道观

道　观　名	创　建　时　间
陕西周至县终南山楼观台	魏咸熙元年(264)
江苏苏州玄妙观	西晋咸宁二年(276)，是中国大陆地区最大的、最古老的道教殿堂建筑之一
重庆老君洞	始建于隋末唐初，原为佛教寺庙，明万历九年(1581)改为道观。号称川东第一道观
四川青城山常道观	隋大业(605—617)年间，俗称天师洞
北京白云观	唐开元二十七年(739)

在克拉克·科尔看来，除了宗教，大学也是世界上寿命最长的组织之一。如创办于859年的摩洛哥卡鲁因大学是如今世界上历史最长的大学；创立于1167年的牛津大学是英国最古老的大学；创立于1209年的剑桥大学也很古老，由牛津的部分师生创办。

的确，具有悠久历史，与牛津、剑桥不相上下的大学举不胜举，如：美国的哈佛大学、哥伦比亚大学，法国的巴黎大学，俄罗斯的莫斯科大学，德国的海德堡大学、慕尼黑大学，葡萄牙的科英布拉大学，奥地利的维也纳大学，丹麦的哥本哈根大学。这些大学的历史都在300至800年间[①]，其存在证明了大学也是人类最为持久的组织之一。

第二节　千年的寺庙，千年的家族企业

宗教、大学这两种组织之所以持久的原因，是因为有统一的信念

① 邱旭瑜.宗教王朝与长寿企业[J].商界评论，2010(2).

和信仰。正是因为有了统一的核心理念，组织才可以生存得更加长久，作为人类组织之一的企业也不例外。

在慧曼法师看来，“世界上常见千年的古刹，却少有数百年的企业。这是一个问题，一个值得所有做企业的人深思的问题。如何才能有效地保障寺院生活的神圣与纯洁、保障寺院的兴盛与健康，这既是寺院管理的核心问题，也是现代企业管理者应该借鉴的地方”。

作为家族企业，要想生存和发展下去，甚至基业长青，首先要解决的问题是提升家族企业的软实力，即在家族企业的核心理念、使命、价值观上做文章，只有把诚信、家训、使命感等内涵注入家族企业文化中，并不断地坚持，世代相传，家族企业才可能延续百年基业。

研究发现，作为组织的家族企业同样也具有上千年的历史。2006 年，美国《家族企业》(*Family Business*)杂志发布全球最古老家族企业榜，在这个榜上的 100 个家族企业中，前十位见表 1－3。

表 1－3　全球最古老家族企业榜前十位

排名	公 司 名 称	成立时间	行业/国家
1	金刚组	公元 578 年	建筑施工/日本
2	粟津温泉酒店	公元 718 年	饭店管理/日本
3	Chateau de Goulaine	公元 1000 年	葡萄园、博物馆、蝴蝶收藏/法国
4	Fonderia Pontificia Marinelli	公元 1000 年	铸钟场/意大利
5	Barone Ricasoli	公元 1141 年	酒和橄榄油/意大利
6	Barovier&Toso	公元 1295 年	玻璃制造/意大利
7	Pilgrim Haus	公元 1304 年	宾馆管理/德国
8	Richard de Bas	公元 1326 年	造纸/法国
9	Torrini Firenze	公元 1369 年	金饰品制作/意大利
10	Antinori	公元 1385 年	酒业/意大利

从表 1-3 可见，在“全球最古老家族企业榜”上，处于榜首位置的是日本大阪寺庙建筑企业金刚组，它成立于公元 578 年，传到第 40 代，已有 1 400 多年的历史。

排在第二名的粟津温泉酒店同样拥有上千年的历史，成立于公元 718 年的粟津温泉酒店，传到第 46 代，已有近 1 300 年的历史。

排在第三名是法国的古拉尼堡(Chateau de Goulaine)，该企业成立于公元 1000 年，主要经营葡萄园、博物馆、蝴蝶收藏。

就算是排名第 10 名的意大利安东尼(Antinori)世家，也有超过 600 年的历史。该公司是一家成立于 1385 年的葡萄酒酿造企业。

从这些企业悠久的历史来看，家族企业这个社会组织也可以基业长青和永续经营，同样也是人类最为持久的组织之一。

第三节　家族企业存活率较高

在“如何让家族企业基业长青”培训课上，笔者曾经问学员一个问题：“相同资源和实力的 100 家企业，其中 50 个是家族企业，50 个是非家族企业，哪类企业会坚持到最后？”

在 200 多名学员中，回答非家族企业坚持到最后的占到 85%以上，问他们有什么理论依据或者数据，他们的回答竟然是媒体的报道。

一名学员坦言，在很多媒体报道中，家族企业的负面新闻频频出现。这就是她认为非家族企业将坚持到最后的依据。

然而，在全球最古老家族企业榜上，1 000 年以上的家族企业竟然就有 4 个，这些数据充分地说明了家族企业的历史并不比非家族企业差。

可能还有一些读者将信将疑，在这里，我们引用来自美国《哈佛商业评论》(*Harvard Business Review*)的研究数据,家族企业的存活率见图 1-1。

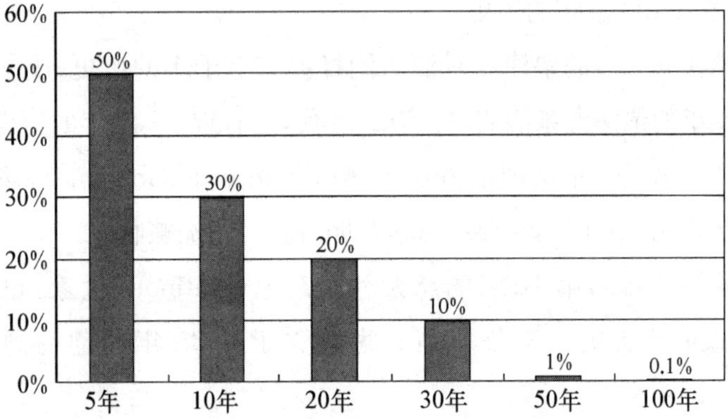

图 1-1　家族企业的存活率

从图 1-1 中可以看到,在 5 年内,有 50%的家族企业已经消失;在 10 年内,有 70%的家族企业已经消失;在 20 年内,有 80%的家族企业已经消失;在 30 年内,有 90%的家族企业已经消失;在 50 年内,有 99%的家族企业已经消失;在 100 年内,有 99.1%的家族企业已经消失。

《哈佛商业评论》的研究数据还显示,非家族企业的存活率如图 1-2。

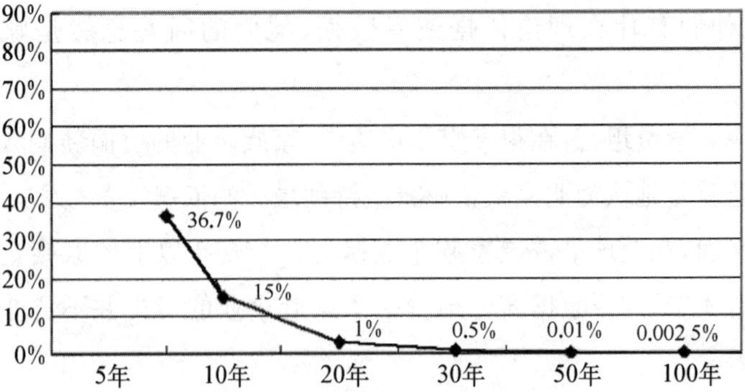

图 1-2　非家族企业的存活率

图 1－2 显示，在 5 年内，有 63.3％的非家族企业已经消失；在 10 年内，有 85％的非家族企业已经消失；在 20 年内，有 99％的非家族企业已经消失；在 30 年内，有 99.5％的非家族企业已经消失；在 50 年内，有 99.99％的非家族企业已经消失；在 100 年内，有 99.997 5％的非家族企业已经消失。

以上两组数据已经证明了家族企业的存活率要高于非家族企业，即家族企业成功传承的几率要大于非家族企业。可能读者会问为什么？这个答案要在后面的章节中详细叙述，在这里就不细说了。

上海东方电视台《头脑风暴》栏目曾对在现场的观众做了一个关于**“中国家族企业也可以长命百岁吗”**的调查，结果显示：42％的观众选择了“能”，21％选择了“不能”，37％选择了“说不清”，见图 1－3。

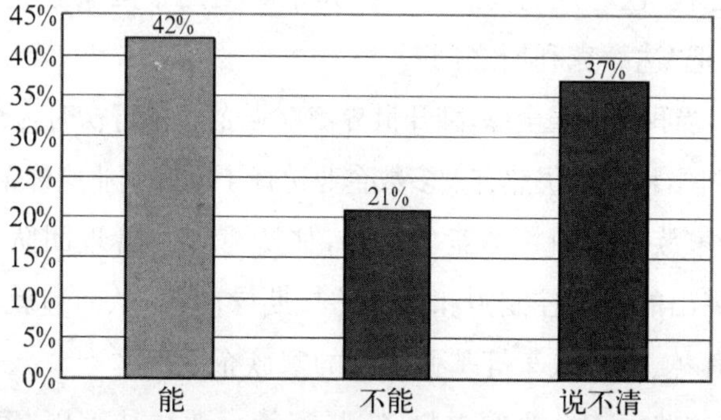

图 1－3　“中国家族企业也可以长命百岁吗”的调查问卷

42％的观众认为中国家族企业也可以长命百岁，足以说明家族企业已经影响了普通公众的看法。

第二章
家族企业业绩好于职业经理人公司

在世界商业史中，家族企业作为历史最为悠久的企业形态，为世界经济作出了巨大的贡献。然而，由于人们对家族企业的不了解，“富不过三代”已经成为高悬于某些光宗耀祖的中国家族企业开拓者头上的一把“达摩克利斯之剑”。

然而，当我们放眼全球，翻开世界500强企业排行榜时，我们陡然发现，除了中国，世界上仍然有大多数企业选择了家族企业这种企业模式。

由于家族企业独特的竞争优势，如所有者与管理团队之间的高度信任、突出的成本控制力和投资的长期导向等，从而造就出了像同仁堂、米其林、福特汽车等基业长青的家族企业。

翻阅这些家族企业的史料，这些家族企业往往都以“家业长青”为荣。因此，从目前世界上有上万家百年家族企业这个角度来看，“富不过三代”并不是家族企业的魔咒，因为家族企业业绩好于职业经理人公司。

第一节　家族企业占有财富500强1/3席位

在很多培训场合中，特别是在笔者讲“中外家族企业成功之道”

这样的课程时，很多非家族企业的成员尖锐地问道："周老师，您讲家族企业成功之道，没有搞错吧？"

其实，这样的情形在很多场合我都见过。由此可见，在人们的普遍意识中，家族企业就是一个名副其实遭人唾弃的、落后的企业组织形态。

不仅如此，甚至有的人把企业存在的问题，如用人唯亲、裙带关系、管理混乱、公私不分等问题等同于家族企业，即把这些问题与家族企业画等号。

其实，对家族企业存在这样的看法的确是有失偏颇的。读者可能会问，为什么这些人对家族企业持有这样的看法呢？

研究发现，不少人持有这样的片面观点，原因如下：

(1) 不了解家族企业；

(2) 中国数千年的重农抑商政策的影响；

(3) 媒体刊发家族企业的过多负面报道；

(4) 一些经济学家的观点被曲解。

在诸多因素的影响和传播下，很多人看待家族企业无疑就戴着有色眼镜，结果就曲解了家族企业本身的优势和作用。比如，在中国大陆地区，某些大学生在就业时，往往倾向于选择外企，对中国大陆地区的家族企业嗤之以鼻。

然而，具有讽刺意味的是，一部分外资企业，其母公司竟然也是家族企业。

不可否认，由于历史等原因，一部分中国人对家族企业有着诸多的看法，这都可以理解。然而，当我们研究后发现，对家族企业持有偏见的并非只有中国人，西方人也同样对家族企业不认可。如美国经济学家小艾尔弗雷德·杜邦·钱德勒(Alfred Dupont Chandler Jr.,1918－2007)教授就不很看好家族企业，他说："家族企业只是在工业化经济初期十分流行，随着工业化经济的发展及企业组织的进化，家族企业会逐渐消亡。"

在钱德勒看来,家族企业仅仅流行于工业化经济的初期。其实,这样的观点是不全面的。在21世纪的今天,家族企业依然在世界各地发挥着重要的作用,不仅规模巨大,而且家族企业本身的企业效益也很可观。就在如今的美国,微软创始人比尔·盖茨(Bill Gates)、苹果创始人史蒂夫·乔布斯(Steve Jobs)、谷歌创始人拉里·佩奇(Larry Page)和谢尔盖·布林(Sergey Brin)等创业家的成功推翻了钱德勒的偏见。

作为家族企业的创始人,福特汽车创始人亨利·福特(Henry Ford)在接受《华尔街日报》采访时正面地评价了家族企业:"如果硬要把家族企业说成是落后的企业,家族经营是落后经营的话,那么他们代表的肯定不是正确的观点。"

美国《财富》杂志发布的全球500强企业的经营业绩印证了亨利·福特的观点。不信,我们来看一下2014年、2013年、2012年世界500强前十名的经营业绩(见表1-4、表1-5、表1-6)。

表1-4 2014年《财富》全球500强公司前十名的经营业绩

排名	公 司 名 称	营业收入(百万美元)	利 润(百万美元)	国家
1	沃尔玛(Wal-Mart Stores)	476 294.0	16 022.0	美国
2	荷兰皇家壳牌石油公司(Royal Dutch Shell)	459 599.0	16 371.0	荷兰
3	中国石油化工集团公司(Sinopec Group)	457 201.1	8 932.1	中国
4	中国石油天然气集团公司(China National Petroleum)	432 007.7	18 504.8	中国
5	埃克森美孚(Exxon Mobil)	407 666.0	32 580.0	美国
6	英国石油公司(BP)	396 217.0	23 451.0	英国
7	国家电网公司(State Grid)	333 386.5	7 982.8	中国

续表

排名	公司名称	营业收入(百万美元)	利润(百万美元)	国家
8	大众公司(Volkswagen)	261 539.1	12 071.5	德国
9	丰田汽车公司(Toyota Motor)	256 454.8	18 198.2	日本
10	嘉能可(Glencore)	232 694.0	−7 402.0	瑞士

表 1-5 2013 年《财富》全球 500 强公司前十名的经营业绩

排名	公司名称	营业收入(百万美元)	利润(百万美元)	国家
1	荷兰皇家壳牌石油公司(Royal Dutch Shell)	481 700.0	26 592.0	荷兰
2	沃尔玛(Wal-Mart Stores)	469 162.0	16 999.0	美国
3	埃克森美孚(Exxon Mobil)	449 886.0	44 880.0	美国
4	中国石油化工集团公司(Sinopec Group)	428 167.4	8 221.1	中国
5	中国石油天然气集团公司(China National Petroleum)	408 630.0	18 195.9	中国
6	英国石油公司(BP)	388 285.0	11 582.0	英国
7	国家电网公司(State Grid)	298 448.8	12 317.9	中国
8	丰田汽车公司(Toyota Motor)	265 701.8	11 586.6	日本
9	大众公司(Volkswagen)	247 613.3	27 909.1	德国
10	道达尔公司(Total)	234 277.5	13 743.2	法国

表 1-6 2012 年《财富》全球 500 强公司前十名的经营业绩

排名	公司名称	营业收入(百万美元)	利润(百万美元)	国家
1	荷兰皇家壳牌石油公司(Royal Dutch Shell)	484 489.0	30 918.0	荷兰
2	埃克森美孚(Exxon Mobil)	452 926.0	41 060.0	美国

续表

排名	公 司 名 称	营业收入（百万美元）	利 润（百万美元）	国家
3	沃尔玛(Wal-Mart Stores)	446 950.0	15 699.0	美国
4	英国石油公司(BP)	386 463.0	25 700.0	英国
5	中国石油化工集团公司(Sinopec Group)	375 214.0	9 452.9	中国
6	中国石油天然气集团公司(China National Petroleum)	352 338.0	16 317.0	中国
7	国家电网公司(State Grid)	259 141.8	5 678.1	中国
8	雪佛龙(Chevron)	245 621.0	26 895.0	美国
9	康菲石油公司(Conocophillips)	237 272.0	12 436.0	美国
10	丰田汽车公司(Toyota Motor)	235 364.0	3 591.3	日本

从上述三张表中可以看出，2014 年、2013 年前十名中，属于家族企业的有沃尔玛、大众公司、丰田汽车三家，占 30%；2012 年前十名中，有沃尔玛、丰田汽车两家家族企业，占 20%。

第二节　家族企业在各国企业中所占比重大

毫不夸张地讲，没有家族企业，世界经济会倒退至少数百年。中国香港特别行政区船王曹文锦之子、勇于开拓的第四代掌门人曹慰德主席在上海东方电视台“头脑风暴”栏目接受采访时就谈到了家族企业对社会的贡献。他强调说：“如果没有家族企业，这个社会就不会和谐。”

在曹慰德看来，家族企业对于促进一个国家的发展，其作用非同小可。的确，曹慰德的观点很具代表性，因为家族企业这个古老的企业组织形式，不仅遍布世界各地，而且还为各国的经济作出了巨大的贡献。

据不完全统计，在全世界，有 80%以上的企业为家族所有或控制，如新希望、吉利、沃尔玛、福特、杜邦、摩托罗拉、三星，等等。

数据还显示，在世界 500 强企业中，其中 34%是家族企业。来自美国《商业周刊》的数据显示，最大的 500 家企业中的 177 家为家族所拥有。

2015 年 4 月，《福布斯》发布 2015 全球家族企业 500 强榜单，其中沃尔玛排名第一，大众公司、伯克希尔-哈撒韦公司紧随其后，李嘉诚的和记黄埔排在第 35 位，见表 1－7。①

表 1－7　2015 年全球家族企业 500 强榜 100 强

排名	公司名	上市情况	年营业收入（亿美元）	雇员人数
1	沃尔玛公司（Wal-Mart Stores, Inc.）	上市	4 763	2 200 000
2	大众公司（Volkswagen AG）	上市	2 616	572 800
3	伯克希尔-哈撒韦公司（Berkshire Hathaway, Inc.）	上市	1 822	330 745
4	EXOR 公司（EXOR SpA）	上市	1 511	301 441
5	福特汽车公司（Ford Motor Company）	上市	1 469	181 000
6	嘉吉公司（Cargill, Incorporated）	私营	1 367	143 000
7	科氏工业公司（Koch Industries Inc.）	私营	1 150	100 000
8	BMW 公司（Bayerische Motoren Werke AG）	上市	1 010	110 351
9	施瓦茨集团（Schwarz Group）	私营	894	335 000

① 福布斯中文网.2015 福布斯全球家族企业 100 强[EB/OL].2017.http://www.forbeschina.com/review/list/002262.shtml#jump.

续表

排名	公　司　名	上市情况	年营业收入（亿美元）	雇员人数
10	欧尚集团(Groupe Auchan)	私营	855	302 500
11	安赛乐米塔尔(Arcelor Mittal)	上市	794	232 000
12	路易达孚控股公司(Louis Dreyfus Holding B.V.)	私营	743	36 306
13	信实工业有限公司(Reliance Industries Limited)	上市	720	23 853
14	标致公司(Peugeot SA)	上市	718	207 287
15	康卡斯特公司(Comcast Corp.)	上市	647	136 000
16	佳喜乐集团(Casino Guichard - Perrachon)	上市	646	329 355
17	美洲电信公司(America Movil SA de CV)	上市	616	163 524
18	伊塔乌联合银行(Itau Unibanco Banco Multiplo SA)	上市	570	95 696
19	Long & Foster 公司(The Long & Foster Companies)	私营	560	11 500
20	罗氏控股公司(Roche Holding AG)	上市	505	85 080
21	企业产品合伙公司(Enterprise Products Partners LP)	上市	477	6 600
22	AP 穆勒/马士基集团(AP Moeller/Maersk Group)	上市	474	88 909
23	德国大陆集团(Continental AG)	上市	443	177 762
24	JBS 公司(JBS SA)	上市	432	142 000
25	克里斯汀·迪奥公司(Christian Dior SA)	上市	420	117 806
26	Odebrecht 公司(Odebrecht S.A.)	私营	413	105 000

续表

排名	公　司　名	上市情况	年营业收入（亿美元）	雇员人数
27	酩悦轩尼诗-路易威登集团（LVMH Moët Hennessy Louis Vuitton SA）	上市	387	114 635
28	塔塔汽车有限公司（Tata Motors Limited）	上市	382	66 593
29	柏克德集团公司（Bechtel Group Inc.）	私营	379	52 700
30	阿尔迪集团（ALDI Group）	私营	372	100 000
31	西尔斯控股公司（Sears Holdings Corp.）	上市	362	226 000
32	宜家集团（IKEA Group）	私营	350	147 000
33	考克控股公司（Koc Holding AS）	上市	347	88 165
34	泰森食品公司（Tyson Foods Inc.）	上市	344	115 000
35	和记黄埔有限公司（Hutchison-Whampoa Ltd.）	上市	330	260 000
36	玛氏公司（Mars Incorporated）	私营	330	72 000
37	乔治韦斯顿有限公司（George Weston Ltd. Company）	上市	326	139 000
38	领航旅行中心有限责任公司（Pilot Travel Centers LLC）	私营	321	21 000
39	21 世纪福克斯（21st Century Fox）	上市	319	27 000
40	台塑石化公司（Formosa Petrochemical Corp）	上市	314	6 507
41	Phoenix Pharmahandel 公司（Phoenix Pharmahandel GmbH & Co KG）	私营	294	28 555
42	大众超级市场公司（Publix Super Markets Inc.）	上市	291	166 000

续表

排名	公司名	上市情况	年营业收入(亿美元)	雇员人数
43	加拿大鲍尔公司(Power Corp. of Canada)	上市	288	30 900
44	埃萨能源公司(Essar Energy PLC)	上市	273	3 951
45	爱旅驿站公司(Loves Travel Stops & Country Stores Inc.)	私营	260	10 500
46	乐天购物(Lotte Shopping)	上市	258	38 927
47	喜力控股公司(Heineken Holding N.V.)	上市	255	81 000
48	Mercadona公司(Mercadona Sa)	私营	243	74 000
49	贝龙公司(Bellon SA)	私营	241	391 000
50	索迪斯公司(Sodexo SA)	上市	241	427 921
51	BCD集团(BCD Group)	私营	240	12 000
52	贺利氏控股公司(Heraeus Holding GmbH)	私营	235	13 716
53	赫斯基能源(Husky Energy)	上市	226	5 479
54	索能达(Societe De Negoce Et De Participation)	私营	224	36 000
55	Inditex 公司(Industria de Diseno Textil SA)	上市	223	128 313
56	雷耶斯控股公司(Reyes Holdings L.L.C.)	私营	220	16 500
57	汉高公司(Henkel AG & Co. KGaA)	上市	217	46 800
58	贝塔斯曼公司(Bertelsmann SE & Co. KGaA)	私营	217	111 763
59	C&S食品批发公司(C & S Wholesale Grocers Inc.)	私营	217	17 000

续表

排名	公　司　名	上市情况	年营业收入（亿美元）	雇员人数
60	Marquard & Bahls 公司/Marquard & Bahls AG	私营	211	9 281
61	弗里尔-布尔乔亚控股公司（Frère-Bourgeois Holding company）	私营	210	20 000
62	桑科萨公司（Cencosud SA）	上市	209	153 638
63	Fomento Económico Mexicano 公司（Fomento Económico Mexicano，S.A.B. de C.V.）	上市	202	209 232
64	H. E. 巴特百货公司（H. E. Butt Grocery Company）	私营	200	76 000
65	三得利控股有限公司（Suntory Holdings Ltd.）	私营	199	34 129
66	帝国有限公司（Empire Co Ltd）	上市	198	70 000
67	H&M 海恩斯 & 莫里斯（H & M Hennes & Mauritz）	上市	197	81 099
68	惠丁顿投资有限公司（Wittington Investments Ltd）	私营	195	113 447
69	潘世奇公司（Penske Corporation）	私营	190	39 000
70	PT Astra 国际公司（PT Astra International Tbk）	上市	187	132 570
71	CH Boehringer Sohn 公司（CH Boehringer Sohn AG & Co KG）	私营	187	47 500
72	Metalúrgica Gerdau 公司（Metalúrgica Gerdau SA）	上市	186	46 000
73	德迅国际公司（Kuehne + Nagel International AG）	上市	185	72 036
74	庞巴迪公司（Bombardier，Inc.）	上市	182	71 500

续表

排名	公司名	上市情况	年营业收入（亿美元）	雇员人数
75	斗山重工与建筑公司(Doosan Heavy Industry & Construction Co)	上市	176	6 867
76	利乐拉伐国际公司(Tetra Laval International SA)	私营	174	33 895
77	CJ公司(CJ Corp.)	上市	172	110
78	帕卡公司(Paccar Inc)	上市	171	21 800
79	SHV控股公司(Shv Holdings N.V.)	私营	165	47 100
80	企业控股公司(Enterprise Holdings Inc.)	私营	164	83 000
81	盖普公司(The GAP)	上市	161	137 000
82	热劳尼姆斯·马尔丁斯公司(Jeronimo Martins SGPS SA)	上市	157	76 810
83	西麦斯集团(CEMEX SAB de CV)	上市	153	43 087
84	萨迈迪2010投资公司(Samede Inversiones 2010 SL)	私营	153	0
85	考克斯企业公司(Cox Enterprises Inc.)	私营	153	50 000
86	CBS公司(CBS Corp.)	上市	153	19 490
87	Rethmann公司(Rethmann SE & Co. KG)	私营	153	30 600
88	洛斯公司(Loews Corp.)	上市	151	18 175
89	梅杰公司(Meijer Inc.)	私营	150	74 000
90	欧特家博士公司(Dr. August Oetker KG)	私营	149	26 907
91	舍弗勒集团(Schaeffler AG)	私营	149	77 359
92	萨拉斯公司(又名萨拉斯集团，Saras SpA)	上市	148	1 812

续表

排名	公　司　名	上市情况	年营业收入（亿美元）	雇员人数
93	印度铝工业有限公司（Hindalco Industries Ltd.）	上市	145	20 902
94	Liberty Global 公司（Liberty Global Plc）	上市	145	35 000
95	台湾化学纤维股份有限公司（Formosa Chemicals & Fibre Corporation）	上市	144	18 585
96	博罗雷公司（Bolloré SA）	上市	144	53 608
97	保时捷汽车控股公司（Porsche Automobil Holding SE）	上市	143	19 456
98	历峰集团（Compagnie Financiere Richemont）	上市	143	29 101
99	默克公司（Merck KGaA）	上市	142	38 154
100	巴帝电信有限公司（Bharti Airtel Ltd）	上市	142	25 004

据《福布斯》介绍，全球家族企业 500 强成员的年营收总计 6.5 万亿美元，足以构成全球第三大经济体（仅次于美国与中国），雇员人数共计 2 100 万人，平均每家雇佣 4.2 万人。

《福布斯》还称，上述数据囊括了家族所持投票权超过 50%的非上市公司和家族投票权至少为 32%的上市公司。①

由此可见，家族企业作为一个庞大的企业组织体系，在各个国家企业中所占的比重非常大，这可能超出了很多人的想象。来自美国《家族企业》季刊的数据显示，在世界各个国家中，家族企业在所在国的企业比重各有不同，详情见图 1－4。

① 网易财经.2015 全球家族企业 500 强榜单：中国名落孙山[EB/OL].2017.http://money.163.com/15/0423/18/ANTGENJ200253G87.html.

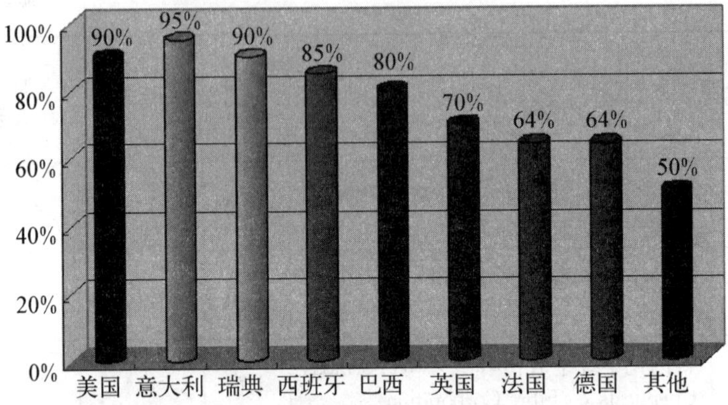

图 1－4　家族企业在各个国家企业中所占的比重

从图 1－4 中可知，家族企业在各国的经济中所占比重较大，而且在欧美以及东亚的日本，家族企业所占的比重相对更高。

尽管美国被世界公认为是公司治理体制发育最完全的国家，家族企业的比重占到 80%～90%（家族及被家族控制的企业比例竟然高达 90%），家族企业为美国创造了 64% 的 GDP，为美国解决了 62%的就业问题，即使是在美国上市公司中，家族企业的比重竟然也高达 60%。

在欧洲，家族企业的比例同样很高，达到了 75%～90%，分别占 GDP 和就业人口的 65%以上。可以说，在欧洲许多国家，家族企业也是主要的经济主体，家族企业的比重非常大。在法国，家族企业的比重占到 60%以上；在英国，家族企业的比例高达 70%；在意大利，家族企业的比例高达 95%；在瑞典，家族企业的比例高达 90%；在西班牙，家族企业的比例高达 80%。

在亚洲各国和地区中，家族企业大都居主导地位，东亚更是华人家族企业最为集中的地区。中国目前的民营经济对 GDP 的贡献度达到 49%以上，很大一部分民营企业实际上就是家族企业，港台地区就更普遍了。日本的家族企业比重相对更高，占比为 99.1%。

在中国香港股市中，67%的上市公司由家族所控股，香港15个大家族控制了35%的香港股市市值。印尼和菲律宾全部市场资本额的1/6都被一家最大的家族企业所控制，而又有超过一半以上的上市公司资本额都由10个家族企业所掌控。

不仅如此，家族企业的分布比重高，而且规模也很大，在上市公司中，家族企业持股的企业也非常之多。来自美国《家族企业》季刊的数据显示，家族企业在各个国家和地区上市企业中所中的比重，见图1-5。

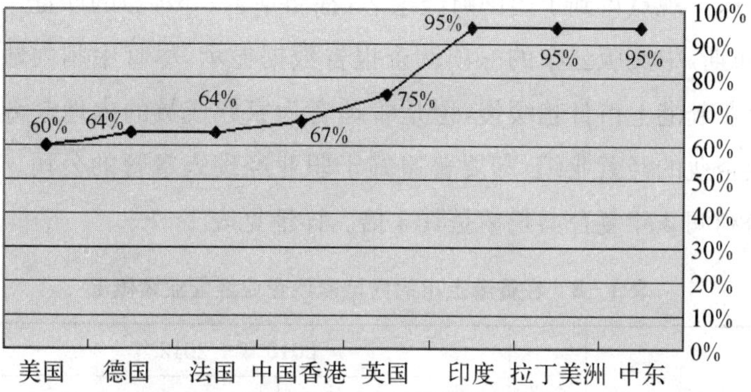

图1-5　各个国家和地区家族企业在上市企业中所占的比重

从图1-5中可以看到：在美国上市公司中，家族企业所占的比重为60%；在英国上市公司中，家族企业所占的比重为75%；在印度、拉丁美洲和中东地区的上市公司中，家族企业所占的比重均为95%；在欧洲上市公司中，法国和德国家族企业比例高于64%。其他欧洲国家的上市公司中，家族企业所占的比重也都接近50%。

第三节　家族企业与职业经理人公司业绩比较

目前国内仍有不少学者把家族制企业视为一种落后的产业组织形式，视为企业进一步生存、发展、壮大的最大阻力。

不仅如此，舆论导向都倾向于认为，家族企业就意味着传统、落后、没有发展空间，与现代企业、股份制企业相比，简直就是一个反面的商学院教材。

然而，当我们研究之后发现，家族企业并不落后，不论中外，家族企业的经营业绩要好于非家族企业。即使被教授、学者最不看好的中国大陆地区，中国家族企业的业绩同样要好于职业经理人经营管理的公司。

这一观点得到了美国财经杂志《福布斯》(*Forbes*)的印证。来自《福布斯》中文版公布的一项调查报告数据显示，尽管中国内地的家族企业赴港上市日趋缓慢，但是管理者为家族成员的内地赴港上市家族企业的经营业绩，却要普遍好于职业经理人掌管的公司。尤其是净利润 3 年复合增长率是其 3 倍。详情见表 1 - 8[①]。

表 1 - 8　在香港上市的内地家族企业经营业绩概况

类　别	企业数量家	2010 年—2012 年				
		净利润复合增长率(%)	总营业收入复合增长率(%)	净利润率 3 年平均	ROE 3 年平均	ROA 3 年平均
港股上市内地家族企业	194	9.3%	21.1%	13.3%	15.9%	6.3%
管理者为家族成员的家族企业	129	12.2%	21.5%	15.5%	16.0%	7.0%
管理者为职业经理人的家族企业	65	4.0%	20.6%	10.9%	15.5%	5.5%
家族第一代任职的企业	180	10.4%	21.7%	13.6%	16.1%	6.3%
家族第二代接管的企业	14	−8.5%	15.3%	9.6%	12.5%	6.2%

① 张翔.中国家族企业业绩好于职业经理人公司[N].南宁晚报，2013 - 09 - 24.

数据显示，在香港联交所上市的企业共有 1 590 家，其中中国内地企业大约有 500 家。截至 2013 年 6 月 30 日，在香港上市的中国大陆地区家族企业共计 194 家。

《福布斯》中文版的报告数据还显示，与 2012 年相比，在香港上市的中国大陆地区家族企业中，由家族成员担任家族企业 CEO 的比例有所下降，职业经理人开始更受青睐。

其实，中国家族企业的经营业绩好于职业经理人经营的公司并非个案。这主要源于家族企业的经营往往注重长远，而非短期，这与职业经理人的管理模式有着很大的不同。

据美国《商业周刊》数据显示，在标准普尔 500 指数的成分股公司中，家族企业竟然有 177 个。据《福布斯》杂志公布的世界 500 强企业，家族企业的比重为 37%。

由此可见，经过多年的风雨洗礼，家族企业都发展和壮大了。而《商业周刊》提供的数据显示，按 10 年平均值计算，家族企业股东平均年收益为 15.6%，比非家族企业股东平均年收益 11.2% 高出 4.4%；在资产报酬率上，家族企业为 5.4%，而非家族企业为 4.1%；在公司年收益成长方面，家族企业为 23.4%，非家族企业仅有 10.8%；比较公司年营业额增长率，家族企业达 21.1%，而非家族企业只有 12.6%，相差 8.5%。

在欧洲国家，家族企业的经营业绩也非常类似，家族企业的发展指数要远高于非家族企业。以德国企业为例，家族企业在过去 10 年里增长了 206%，而非家族企业只上升了 47%。数据表现出家族企业的经营方法应有其特别之处，才能呈现如此成果。

上述数据是家族企业比非家族企业的经营业绩更佳的直接证明，这样的观点同样得到了《新闻周刊》(*News Weekly*)的印证。

在《新闻周刊》的研究中，主要分析了欧洲的英国、法国、德国、瑞士、意大利和西班牙六国在过去 10 年的主要股价指标，见表 1－9。

表 1-9 欧洲六国股票指数

名 称	简 介
伦敦金融时报 100 指数	又称富时 100 指数，是英文 Financial Times Stock Exchange 100 Index 的汉译，简称 FTSE 100 Index。该股票指数创立于 1984 年 1 月 3 日，是在英国伦敦证券交易所上市的最大的一百家公司的股票指数
法国巴黎指数	又称巴黎 CAC40 指数，是法语 Cotation Assistée en Continu 40 的汉译，简称 CAC 40 index。该指数是在法国巴黎证券交易所上市的 40 家公司的股票报价指数，是法国股市的重要指标，也是欧洲股市重要指数之一
德国 DAX 指数	德国 DAX 指数包含 30 家主要的德国公司，是由德意志交易所集团推出的一个蓝筹股指数。该指数是全欧洲与英国伦敦金融时报指数齐名的重要证券指数，也是世界证券市场中的重要指数之一
瑞士市场指数	英文 Swiss Market Index/SMI 的汉译，显示瑞士股市(SWX)的主要指标，由 20 家在巴塞尔、日内瓦和苏黎世证券交易所上市的瑞士大企业的 24 只证券(无记名股票和参与凭证)组成
意大利指数	英文 FTSE Italia All-Share index 的汉译，包含富时 MIB 指数、富时意大利中型指数和富时意大利小型股指数，是投资意大利的重要指数
西班牙马德里指数	英文 Madrid Stock Exchange General Index 的汉译，是西班牙经济的风向球，也是投资南欧的重要指标，包含建设、金融服务、通信、消费、能源与各式商品类股

《新闻周刊》研究从伦敦金融时报 100 指数到西班牙马德里指数后发现，欧洲家族企业的总体走势远优于那些毫无血脉关系的非家族企业。

比如，在德国家族企业中，以宝马、奔驰等为首的家族企业，其股票涨幅就达到了 206%，而非家族企业仅为 47%，其涨幅是非家族企业的 4.38 倍；在法国家族企业中，以 L'Oreal 和 LVMH 等为首的家族企业，其股票涨幅达到 203%，而非家族企业的涨幅只有 76%，其涨幅是非家族企业的 2.67 倍。

不仅是《新闻周刊》证明了家族企业的经营业绩比非家族企业要出色，摩根士丹利公司（Morgan Stanley）同样持有这样的观点。这个观点源于摩根士丹利公司在 2007 年的一项研究，该研究结果显示，2000 年至 2006 年之间，在标准普尔 500 指数的上市公司中，家族公司股价的涨幅超过了综合性指数的涨幅。

不管是《商业周刊》《新闻周刊》，还是摩根士丹利公司，它们的研究结果证明了美国哈佛大学商学院两位教授曾在 2003 年的论文中提出的观点。

该观点指出："家族企业的平均资产收益要比非家族公司高 6.65％。目前全球有 80％以上的企业属于家族企业，全球 500 大企业中有 37％由家族所拥有或经营。在欧美地区，家族企业所占比例很高，列于榜上的家族企业几乎全分布在欧美地区。在标准普尔 500 指数的上市公司中，家族公司组建成员进入管理层、董事会或持有主要所有权的公司占 30％以上，其中包括沃尔玛这样的大公司。在欧洲大陆的上市公司中，家族持有主要所有权的公司所占比例更高。在巴黎证券交易所前 250 家公司中占 57％；而在法兰克福，前 250 家上市公司中有 51％为家族或个人所有。这些公司包括宝马、保时捷、家乐福和米其林。"

第三章
日本家族企业基业长青的根源

世界上最古老的家族企业为什么在日本？持续经营 100 年以上的企业日本最多，究竟其秘诀何在？“老子放心”“儿子有信心”“职业经理人真心”，日本家族企业为什么总有贤人接班？“立长可立次，立男可立女”，日本“家文化”观念为什么根深蒂固？血缘、家业，日本人偏重家业，到底是为什么？日本企业实行终身雇佣和年功序列工资制，难道日本企业就不怕增加人工成本负担吗？日本教授直言，“在亚洲，将工匠达人尊为人生目标和典范的国家，唯有日本”。“工匠达人的亚洲”和“商人的亚洲”到底有何区别？……

为了解密日本企业长寿的诸多真相，笔者历时 10 多年研究，从多个角度揭秘了日本百年企业的长赢基因，揭开了日本富过 N 代的传承内幕。

第一节 长子继承制

对于世界上任何一个家族企业而言，创始人都希望子承父业。然而遗憾的是，许多家族企业先辈父兄披荆斩棘打下的家业，在短短几代甚至数年后就被其后人毁掉而销声匿迹，印证了“富不过三代”的古老谚语。

我们在研究家族企业传承的过程中发现，在日本如今商业领域中，基业长青的百年家族企业比比皆是。例如，金刚组、粟津温泉酒店、三井、住友、伊藤忠、三菱等，这些企业都持续经营了一两百年以上，甚至还有拥有千年以上历史的企业。这些经历了上百年的古老商号，即使在如今也依然被其继任者经营得有声有色。

日本家族基业传承的一枝独秀着实令人好奇。研究日本商业发展史，在《日本家族制度》和《日本商人家训》两本书中，记录了一些关于日本商人基业长青的密码：第一，家业继承制；第二，养子制度；第三，独特的商家教育。

在家业传承方面，日本严格地实行长子继承制度，又称一子继承制，即哪怕只有一份家业，也必须由长子来继承，其他子嗣只能分得家业的1/10，最多不过1/5。因此，在日本自古就有"长男承续家业，次男远走他乡"的谚语。

不可否认的是，这种长子继承制度，对其他家族成员显然是不公平的，不过却能使家产避免分散而保持完整，能迅速扩大商业投入，保持商业竞争优势。日本的家族伦理观念中，家业重于血缘，延续家业是压倒一切的大事①。

研究发现，长子继承制在日本并不是历来就有的。在日本明治时代以前，当时存在着各式各样的继承方式。由于日本政府还没有一个统一的继承相关法令，这就导致了许多家族为了争夺家产而屡屡产生纠纷。

在《世镜抄》一书中提到"末代之乱逆，子孙不和之基"，日本政府正是意识到了诸子分产的危害，于是废除了诸子分产制度，转而实行严格的长子继承制，即由一子（一般是长子）继承家业与家长权，同时也继承全部或大部分家产，避免了财产的分割而引

---

① 李卓.日本传统家族制度与日本人家的观念[J].世界历史，1993(4).

起的纠纷[①]。

从日本明治时代开始，日本的华族和士族规定，实施长子继承制，长子可以世袭爵位，甚至也规定一般平民使用长子继承制。在这个旧法令中，长子继承制实行得相当彻底，嫡长子拥有绝对的优先继承权[②]。

由于日本长期严格实施长子继承制，因此尽管如今的日本民法规定各子女可平均继承父母的遗产（日本昭和 22 年修订民法，废除原有继承法，法律上废止长子继承制，规定各子女继承权平等），但是如今仍然有为数不少的日本家庭继续执行长子继承制，让长子继承较多遗产。

众所周知，日本实行长子继承制无疑就把家庭的大部分财产都传给长子，其余诸子就不得不自谋生路、远走他乡去创业。“连炉灶前的灰尘都是长子的。”这句日本流行语非常形象地反映了这种现实。

正是由于诸子不得不接受长子继承家业这一现实，从客观上使得家族其他子嗣丢掉了继承家族财产的幻想，谋划自己的未来。他们中间有的人远离家乡到日本京都等地奋力打拼，有的选择去当学徒，最终创业，从而开创了自己的另外一个人生，同时也实现了创造财富的梦想，对其他家族成员个人和社会的发展来说未尝不是一件好事情。

当然，作为继承大部分家业的长子，有责任照顾家族其他成员，如安排弟弟到家族企业中去工作，但是长子不能出于血缘关系把财产分给他们一部分，其他家族成员也不能留在家里。这种继承制对日本家族企业产生了深刻影响，避免了像华人企业那样在创业人过世之后，企业就被几个儿子瓜分的命运，企业规模的长期

①② 陈凯.李嘉诚分家产欲破解传承难题[N].北京日报，2012-06-13.

增长得到了保证[1]。同时，家族其他子嗣由于不可能继承家业，只能自谋出路，这样客观上给一些"次男坊"（即次子）一次闯荡的机会。资料显示，日本历史上许多卓越有为人士，都是背井离乡的"次男坊"。

这与中国家族财产均分制有很大的不同。在中国，每一个家族男子都可以平分父辈的家产，这就造成了家族子弟往往依赖父辈财产，也就没有积极奋进的动力了，不利于自立进取的人格养成。即使没有纨绔子弟和不肖子孙，偌大的家产因为家产平分制而化整为零。

此外，尽管日本同属于儒学文化圈，但是日本家族企业却重业不重家，这就导致了日本家庭成员之间的联系比华人家庭要脆弱很多，这样的文化也就促成了家庭成员之间承担的责任和义务无疑微弱很多。

在日本，较早就有一些不以血亲关系为基础的交往习惯，并出现了建立在非血亲关系基础上的社团。作为这样一个组织，家庭内部各个角色并非一定要有血缘关系的人来担当。比如，只要履行了收养程序，长子的位子可以由外人代替，甚至人们并不觉得在亲属圈之外收养儿子是一种不光彩的事。此外，日本人宁愿把继承权传给外人，也不传给能力低下的亲生儿子。正是这种制度的安排，客观上使得家族企业更加长寿[2]。

研究发现，日本长寿家族企业在企业继承问题上非常重视，同时也相对开明，一旦家族企业没有合适的男性继承人时，家族不排斥让女性（女儿）经营企业，甚至收养贤能的养子来继承家业。即使没有血缘关系，养子同样可以继承家业，而家族长辈们像对待自己的亲生

---

①② 何圣东.家族传统、社会资本与家族企业的演化[J].中共中央党校学报，2003(7).

孩子一样来帮助他经营。

美国管理学家吉姆·柯林斯(Jim Collins)就撰文谈道:“这些家族的成员之间有足够的信任感和对家族的自豪感,他们把公司该发展什么和怎样发展放在首位,而不为谁来当公司的‘老大’这样的问题而争执不休。这是他们共同的传统。”①

纵观日本家族企业发展,家族企业创始人采用长子继承制来接班,就像中国古代传承帝位一样,一律由长子来继承。这样做的好处是完全避免了家庭财产的大锅饭倾向和平均主义分配,把财产集中起来单传给长子,而不使其分散于各子女。

日本非常虔诚地将中国帝位的传承运用到家族企业中,而且把这种传承运用得炉火纯青。在美国《家族企业》杂志发布的“全球最古老家族企业榜”上,处于榜首位置的是日本大阪寺庙建筑企业金刚组,拥有1 400多年的历史,现在已经传到第40代。

其实,不光是金刚组和粟津温泉酒店,三井、三菱、住友、安田等,都是拥有几百年历史的家族企业。

当我们研究这些企业的传承后发现,像三井、三菱、住友、安田等日本家族企业都是实行“单子继承制”,即家族事业只会传给下一代中的一位成员,而其他成员则要被“扫地出门”。日本实行“单子继承制”的传承模式相对可行,这样的最大优点就是能够防止家族成员为了争夺家族企业的产业而“内斗”。

尽管日本实行长子继承制,但是作为继承人的长子并不是完全由先天血缘秩序决定的,而是从家族诸子(包括养子和婿养子)中选择最优的人来作为长子。在日本,由于对养子和婿养子没有父系血缘的限制,这种优选接班人机制在日本家族企业的传承过程中就发挥了积极的作用。

---

① 徐春昕.长寿公司有两大秘诀[J].环球时报,2004-12-29.

数据显示，日本家族将家业传给养子（婿养子）而不是亲生儿子的比例高达25%～34%，如松下电器、丰田等。长子继承制度内含的优选机制和家族企业管理的社会化使日本的家族企业能够冲破狭隘的家族牢笼，企业名义上是创业者家族的，但其实质已经社会化，社会化的家族企业自然有可能延续百年[①]。

与注重血缘的中国相比，日本在继承人问题上更为理性，主要是日本商人更倾向于家业的长久、完好、延续，当面临继承人危机时，会将养子作为继承者，主要有两种情形：

第一，没有子嗣。日本商家或财阀遇到没有子嗣的情形，该怎么传承呢？的确，日本商家或财阀同样会面临家业传承时无子可传，通常的办法是，收养同姓亲族或异姓男子作为自己的养子就可以传承了。在当时的日本，只要年龄比自己小15岁以上，不管是胞弟或堂弟，都可以收为养子来继承家业。

第二，子嗣品行恶劣或资质愚钝，不能够胜任接管家业的重任。面对这样的问题，日本商家或财阀通常会从清贫但有德才的百姓家中择而养之，如安田财阀创始人安田善次郎，尽管有多个儿子，但是安田善次郎却为了家业更加兴旺，将女婿收为养子，从而继承了家业。

其他像伊势丹百货创始人小菅丹治（原名野渡丹治）及其后继者第二代小菅丹治（原名高桥仪平）都是婿养子。松下电器创始人松下幸之助和丰田自动织机的创立者丰田佐吉也都把家业衣钵传给女婿。更多的情况是：一个人可以进入完全没有任何血缘关系的家族里，成为他姓的养子，改名换姓后成为家业继承人[②]。

在日本近现代历史上，较为知名的如日本明治维新三杰之一的

---

① 陈昱.日本家族：淡化血缘传承百年[N].华夏时报，2015-08-14.

② 杨玉秀.日本“家文化”影响下的家族企业发展[N].中国社会科学报，2012-09-12.

木户孝允、日本第一代首相伊藤博文、日本第一个诺贝尔物理学奖获得者汤川秀树等人都是养子出身。

事实上,日本的养子制度不拘泥于血缘远近亲疏,而是唯德才是举,在选择家业传承人时,采用这样的方式,可以极大地避免家族成员缺乏贤能而导致家业衰败的隐患。

事实证明,很多长寿企业,多实施"长子继承制"。对此,哈佛大学商学院教授大卫·丹尼尔(David Daniel)分析说:"世界上的长寿公司都具备两个条件,一是完美地处理了一代又一代的企业领导交替;二是能够跟上时代,在坚持传统的同时,敢于创新,让自己的产品和管理都不至于落伍。"

大卫·丹尼尔教授对多个长寿企业深入研究,结果发现大多数的长寿企业都采用"长子继承制"。日本具备典型的长子继承文化,一个家庭中的长子就是公司未来的主人,而其他子女长大后需要自己另行谋生。这样当财产代代相传的时候,企业不致造成分裂,如果处理得好,整个家族还会团结起来,整合财力物力帮助长子进一步发展公司[①]。

第二节　终身雇佣制

据资料显示,日本列岛上在公元4世纪后才出现国家,尽管这个国家的历史不到1 700年,但在"全球最古老家族企业榜"上,竟然有10家家族企业上榜,而且榜单第一名就是日本的金刚组。

纵观日本家族企业发展,有些家族企业往往从江户时代(德川幕府统治日本的年代,时间由1603年创立到1867年的大政奉还,是日本封建统治的最后一个时代)就开始,至今家门兴旺。支持它们能够

① 徐春昕.长寿公司有两大秘诀[J].环球时报,2004-12-29.

长久生存并持续发展的原因，其中很重要的一点，就在于这些日本家族企业实行的终身雇佣制。

日本企业实行终身雇佣制，有其独特的历史和文化的背景。

其实，终身雇佣制度与日本曾经的村庄经济有关。历史上日本人由于生活在一个村落中，随着资本主义经济在日本的快速发展，很多商家要扩大规模，就雇佣“奉公人”（即家仆、佣人），这样使得很多人进入到了工厂和企业中。

由于这些“奉公人”接受了“奉公”（即封建关系中，臣下或仆人对君主或主人履行的义务）、职业技能等培训，东家就把佣人慢慢地纳入自己的家族之中，而那些失去了赖以寄托精神的旧的集体的日本人，就需要新的精神寄托。企业的经营者就利用了这种心理，在企业中创造一个类似“家”的环境，从而培养员工的集体意识。这样，日本的企业就成了一个大的共同体，为了维持这个集体的存在就需要企业对员工的身份提供保障，这样终身雇佣制度就应运而生了①。

据公开资料显示，日本传统的终身雇佣制正式形成于20世纪50年代，是在1955年确立并在此后逐渐成熟起来的，主要体现在日本大企业中的一系列雇佣安排，包括终身雇佣制、年功序列制、企业个别工会，等等。其中，终身雇佣制曾经为日本企业稳定劳动关系和日本经济高速发展发挥了世人公认的重大作用，并得到日本国内外的高度评价②。

有学者直言，“终身雇佣制是发展了的家族制度”，不仅如此，终身雇佣制在企业中发挥了巨大的积极作用，日本民间经济学家高桥龟吉更是对其给予高度评价，他说：“它能和日本的家族制度水乳交融。”

---

① 李洪杰.日本终身雇佣制度的发展历程[J].新西部(下半月)，2007(10).

② （日）平井常雄.论日本终身雇佣制[D]，华东政法学院，2006。

事实上，日本如今的终身雇佣制度是日本江户时代以来日本文化的延伸和发展，也可以认为是现代版的武士对于领主的忠诚与“奉公”。

在日本封建时代，日本主要以“家”及家族的血缘关系为载体，同时由于武士接受了“奉公”教育，对领主极为忠诚。

在日本江户时代，日本武士的这种忠诚文化已经成为当时社会的传统文化。由此可见，日本传统终身雇佣制不过是日本近世商家的家族经营、近世商家的雇佣制度的延伸和发展而已。

公开资料显示，在日本近世商家的用人制度中，佣人通常在10岁左右就进入商家了，只不过是做“丁稚”（即学徒）。在接受系统培训之后，为主家勤恳工作，直到退休。当然，佣人在退休之后，商家仍然要给予其一定费用，保障其正常生活。

从这个角度上看，日本近世商家的雇佣制度已经为传统终身雇佣制提供了文化和历史的“土壤”。当然，也有学者认为，“德川时期建立在家庭工业基础上的师徒制家族经营方式，就会自然发展为现代的终身雇佣制。实际乃是由于明治维新后工厂制发展极快，才使以前的师徒雇佣制迅速瓦解的”，但是这却成为日本企业的长寿基因。

在2001年，户坂修在全球十大食品企业之一的日本味之素公司工作了30年。随后，户坂修被日本味之素公司总部任命为九州工厂的厂长。

然而，让户坂修没有想到的是，户坂修此行的主要任务，竟然是关闭日本味之素公司曾经辉煌过、已拥有60年历史的九州工厂。

日本味之素公司是一家名副其实的百年企业，由创始人铃木三郎助在1909年创建。在1909年，铃木三郎助将谷氨酸钠

(味精)商业化，其后日本味之素公司由单一调味品厂商发展成为世界十大综合食品公司。

从1999年起，日本味之素公司也开启了全球化扩展战略，逐渐开始将技术研发和生产线转移到世界各地，其目的是为了更好地降低成本。而日本味之素公司高层管理人员认为，日本九州工厂已经失去竞争力，下达了在3年内关闭九州工厂的命令。这主要是由于在中国建立新的工厂，其成本仅为日本九州工厂的一半。

毫无疑问，既然九州工厂的竞争优势已经丧失，那么作为九州工厂厂长的户坂修，遵循日本味之素公司总部决定关闭工厂也就成为情理之中的事情。在户坂修看来，关闭工厂要比保留工厂更为容易。

然而，户坂修却作出了一个让日本味之素公司总部意外的决定——保留九州工厂。当然，户坂修保留九州工厂的决定基于如下两个原因：

① 由于九州的佐贺县是日本较为传统的农业地区，其就业的环境相对欠佳，而九州工厂却拥有大量的年轻员工，如果关闭工厂，就意味着这些工人失业，无疑将对社会造成严重影响。② 一旦关闭日本国内唯一拥有60年生产经验的九州工厂，不利于日本味之素公司大力发展味精的战略。

为了能保留九州工厂，户坂修向日本味之素总部建议，压缩九州工厂的一半成本，强化技术研发，把工厂发展成为高端生物工程工厂，从而提升其成本竞争力。户坂修这样做，其目的还是为了保留九州工厂，让九州工厂“重生”。

在日本企业中，由于实行终身雇佣制，这就决定了人工成本是企业一项固定的成本。户坂修要想削减九州工厂的一半成本，就必须减少员工的人数，即必须将员工配置到合理的岗位上，这就意味着在两年时间内，将九州工厂生产线上的 232 名员工削减到 110 名。

作为九州工厂厂长的户坂修非常清楚，由于日本是一个天然资源极度匮乏的国家，人才是九州工厂唯一可以掌控的战略资源，只有最大限度地调动九州工厂员工的工作积极性和创造性，培养九州工厂员工的主人翁意识，才能减少成本。

户坂修于是做了一个非常合理的决定，降低一半成本，必须从停止雇佣新员工开始，在最短的时间内，让那些技术娴熟的老员工将宝贵经验和技术传授给年轻员工，但是九州工厂不解雇任何一名员工。

户坂修的决策起到了成效：① 仅仅在 2003～2004 年两年的时间内，九州工厂就有 100 位员工自然退休。② 户坂修通过建立 13 人改革小组和 10 人后备支援小组，抽调各部门业务骨干领导工厂改革，同时为各部门基层员工留出职业发展空间。③ 改革工厂的生产结构，由按职能划分部门转为按产品划分部门，加强生产的标准化、多样化。重新审视日常工作，精简不需要的环节，尽量不增加业务外包，保证生产稳定。④ 把人用活，培养多面手员工。[①]

在户坂修的努力下，九州工厂从 2001 年 10 月拥有 232 名员工降低到 2004 年 4 月的 110 名员工。然而，九州工厂却用了不到 3 年的时间，大幅度降低了成本、提升了竞争力，同时还成为日本味之素公司全球 105 家工厂借鉴的案例。

如今的日本味之素公司在全球拥有 114 家公司，主要生产氨基酸、加工食品、调味料、冷冻食品等，2011 年全球营业额为 153 亿美元。

---

① 王效平.九州工厂员工眼中的户坂修[J].商业评论，2012(10).

毋庸置疑，忠诚心对于现代社会的企业来讲十分重要。本案例带给企业经营者诸多的启示，在一些经营者的意识中，终身雇佣意味着更多的成本，但是在本案例中，终身雇佣却解决了这个问题，这样做不仅可以激活企业最大的资源——人才，而且还能激发员工的主人翁精神。

从本案例可以看出，终身雇佣制度对提升日本企业竞争力发挥了巨大的作用，尤其是在金融危机和企业经营不善时，终身雇佣制度可以让企业员工安心工作，不仅培养了员工对企业的热爱精神，同时还可以激发员工的创造精神。

在日本企业中，员工常说“我公司”，其实这样的表述就意味着“我等于公司”，从而真正地把自己当成企业的一员。

从户坂修建议保留九州工厂可以看出，终身雇佣制度不是法定的制度，尽管日本经济经历了高速发展，但是终身雇佣制度仍在日本社会中生根成长。在一个公司工作到退休成了理所当然的事情，除了公司破产倒闭，一般人是不会离开原来的企业的。即使在遭遇经营困难时，员工也会发挥主人翁精神，使企业重获新生。

第三节　年功序列制

年功序列制与终身雇佣制一样，早就在日本企业之中存在。然而，广为人知的却是在 1972 年，经济合作与开发组织（Organization for Economic Co-operation and Development ，OECD）到日本考察之后。考察结果显示，终身雇用制、年功序列制以及企业内工会等作为日本企业经营的特色，促进了日本经济的高速发展，有人甚至认为这三方面是日本经济得到高速发展的关键。年功序列制作为日本一种独特的雇佣制度，就这样被世界所知。

日本企业的年功序列制并不只是单纯的年功累计，还包含着很深厚的企业文化内涵。在日本，年功序列作为一种企业文化，往往是以年资和职位来制定标准化的薪水，其中还必须以终身雇用为基础，鼓励员工在同一企业累积年资，直到退休为止。

其实，年功序列制的核心就是把“忠诚”视为最大的、最可靠的能力，这种思想源于日本战国时代的家臣、家仆制度。年功序列制非常重视前辈、后辈的学徒观念，员工进入企业越久，视同其越熟练和能力越强，薪水自然就越高。因此，通常有些相同职位的人只是因年资不同薪水差距达两三倍，但是晋升职位也对薪水有跳跃式帮助。而同辈中未能获得升迁的人也能依照年资获得标准加薪，抵销了因为不能升迁的情绪冲动而导致的离职现象，增加公司人员的稳定度和经验传承。

在年功序列制下，即使是企业引进技术也不会裁减老员工的工资，员工对技术革新往往都较为积极支持。一般情况下，企业引进新的自动化设备和技术之后，会通过对过剩人员进行职业再培训，然后将他们安排到其他工作部门。职工也能充分认识到引进新技术的重要性，因为这样能增强企业的竞争力，不仅有利于企业的发展，而且还能提高职工自身的收入和地位[①]。在这些员工看来，提升企业竞争力可以保证自己的薪水按照年功序列制进行结算。

的确，在近代的日本商家中，就把对佣人的认可融入到从丁稚(学徒)——手代(二掌柜，伙计)——番头(掌柜，领班)的这样一种升进序列中，这也明确体现出“年功”制度的思想起源。日本商家升进“奉公人”时，都必须遵循家族伦理中长幼有序的原则，论资排辈，而不是按照其岁数的大小。

在日本，年功序列制是与终身雇佣制相配套的。通常情况下，企业员工的地位和工资待遇往往会随着“年功”的积累而提高。

---

① 吴志新.日本式终身雇佣制度特征的分析研究[J].文教资料，2006(34).

这样做的好处在于，年功序列制的实行鼓励了企业员工长期效力于企业。不仅增强了企业员工整体结构的稳定，而且更强化了企业内部的家族关系，从而形成了更为和谐的劳资关系，避免了员工集体或者大面积“跳槽”，这就降低了企业培养人才和使用人才的成本。当然这也是日本拥有众多长寿企业的一个原因所在，对日本长寿企业的稳定和发展极为有利。不仅如此，其优点还有如下几个：

(1) 防止过度竞争，保证秩序。在日本企业中，实行年功序列工资制度不仅可以防止员工之间的过度竞争，从而有效地保证企业竞争秩序。主要体现在，由于年龄层不同，员工之间的竞争相对较小，其关系就较为融洽，即使是在同年龄层之间，由于其工资差别很小，就避免了竞争，从而有利于团队精神的维护。

(2) 使员工有稳定感。由于企业员工确定起点工资后，其工资会随着年龄的增加而逐渐上升，这样不仅保障了员工的生活支出，而且还使员工有稳定感，企业员工往往能把重心放到工作上，能够超常发挥其工作能力。

(3) 有利于企业内人才的相互流动。由于年功序列工资制是一种适应性较强的工资体系，企业在部门内进行人事调动时，员工往往会支持适当的流动，从而提升企业的竞争力。因为年功序列工资制不会因为人事调动就减少其工资，所以有利于企业内人才的相互流动。

第四节　匠人精神融入经营理念中

在日本企业经营中，匠人精神已经融入其经营理念中。专营寺庙建筑的金刚组，创建于公元 578 年(日本的飞鸟时代)，距今已有 1 400多年的历史，被誉为世界上最古老的家族企业。除了“金刚组”这个世界上最古老的家族企业以外，日本百年以上的企业也举不胜举。来自日本调查公司——帝国数据公司资料库发布的信息显示，在日本，百年以上的公司数量竟然高达22 219家；其中有39家企业更是拥有500年以上的经营历史。

除了日本，在亚洲其他各国中，其老字号店铺和历史悠久的企业寥寥无几。可能读者会问，在亚洲各国中，拥有悠久历史的中国和印度是世界上的文明古国，为什么百年企业反而都集中在日本呢？换句话说，日本百年企业基业长青的秘诀究竟是什么呢？

在日本的历史上，与亚洲各国一样，也面临战争等诸多因素，然而，日本企业的经营者却能保持其顽强的生命力。对此，野村进教授发表了自己的观点，他认为，就外部条件而言，日本企业历史没有中断的一个重要原因就是，在数百年的历史上，日本国内的政治经济环境相比亚洲其他国家来说相对较为稳定，没有因沦落为欧美国家殖民地而遭受到欧美国家企业的商业打击，同时又没有因华人的大量涌入而遭受到华商的经济威胁。

野村进还认为，植根于日本文化中的对工匠达人的崇尚精神，是造就日本长寿企业数量如此众多的主要原因。在野村进的定义里，就存在着两个“亚洲”，即“工匠达人的亚洲”和“商人的亚洲”①。

在《一千年的志气：永不衰竭的企业竞争力》一书中，野村进坦言：与此相对，不妨把日本以外的亚洲，尤其是包括海外华侨在内的中国人的亚洲称作“商人的亚洲”。与“华侨”并称的“印侨”（这个称谓虽然陈旧点儿）也是“商人的亚洲”中强有力的成员。只要到肯尼亚、坦桑尼亚那样的东非国家去走走，你就会对印度商人势力之强大这一点深有体会。不是有种说法吗？“华侨三千万，印侨一千万”②。

---

① 孙瑞.金刚组：千年企业的生存密码[N].经济观察报，2011-08-12.

② （日）野村进.一千年的志气：永不衰竭的企业竞争力[M].北京：中信出版社，2011.

“商人的亚洲”往往被讽刺为“经济动物”。野村进的解释是，在二战后，日本经济高度增长时期，就有人称日本为“经济动物”。

但在亚洲各国中，日本对工匠的尊重仍高于其他亚洲国家，可以说“工匠达人”文化依然非常浓厚。

时任富士大学校长的小山田了三也印证了野村进的观点。在《支撑世界的日本技术》一书中，小山田了三就披露了野村进教授的这一观点。

小山田了三举例说，在朝鲜半岛上，历经上千年的历史中，一些人往往把需要付出劳动的工作视为“下等人的工作，非王公贵族所为”，这样的思维极大地禁锢了匠人文化对经济的促进。

反观日本，匠人文化依然贯穿着日本人生活的全部。在幕府时代，日本人就对拥有特殊技能的人特别推崇，尊称为“匠人”。“匠人”往往具备一流的手艺和技术，而且是招徒传承。这样的思维一直影响着日本的商界和社会，社会各界都以此为荣，而且对拥有的手艺忠贞不二。见表1-10。

表1-10 日本人践行“匠人”文化的案例

序号	示例
1	在鹤冈八幡宫若宫大道的修建中，镰仓幕府第一代将军源赖朝就是其经办人，不仅如此，源赖朝还亲自指挥铺建这条道路，甚至连源赖朝的岳父北条时政还在修建中搬石运土。
2	在日本安土桃山时代，即公元1568—1600年，武将细川藤孝既是一个诗人，也是一个知名的厨子，其儿子细川忠兴作为一名制作武士铠甲的工匠而名扬四海。
3	作为日本皇族成员，太上皇“后鸟羽”还亲自锻造佩刀。
4	侍奉丰臣秀吉的加藤清正，不仅是筑城专家，而且还是治水的专家，他还亲自参与修筑过熊本城和名古屋城这两座城市。
5	在日本，城邦之主奋力挑担筑城的例子，可谓屡见不鲜。

可能读者会问，日本这样上自王公、下至臣民尊崇匠人文化的风气究竟是如何产生的呢？

小山田了三认为，这主要是因为在镰仓时代，即公元1185年至1333年，掌管日本政权的武士大多都是“种田人出身，包括各地诸侯自己在内，都认为干体力活是理所当然的事”。小山田了三由此推断，“此乃当今日本人重视技术培养的思想根基”。

在《一千年的志气：永不衰竭的企业竞争力》一书中，野村进坦言：“我们很难想象中国的皇帝会汗流浃背参加筑城修墙，朝鲜的两班（特权统治阶级）会亲自下厨一试身手。小山田的观点即便是一种假说，却有一种让人心悦诚服的东西在里面。”

不过，野村进也承认，除日本以外的亚洲各国，无论从历史上看，还是从地域上看，并非完全不存在应该划归为“工匠达人的亚洲”的集团。印尼的巴厘岛人可视为“工匠达人的亚洲”中的一分子。例如巴厘传统舞蹈表演者的那种气质和技艺，与日本歌舞伎演员有着惊人的相似。

野村进将日本为首的国家称为“工匠达人的亚洲”的理由在于，在日本，“工匠达人”往往都受到来自当权者的厚遇和庇护。

这主要源于在“工匠达人的亚洲”的根基里面，有一种对王者，即当权者坚定不移的信任，而这种信任往往又跟对国家和政府的信任连为一体。尽管近来这种趋势有所衰减，但日本人仍然属于世界上相当信赖自己国家和政府的国民。

在野村进看来，在“商人的亚洲”，血亲家族企业比较多。通常企业经营者又被血缘关系牢固地捆绑在一起，企业的头把交椅往往不可能让家族以外的人来坐，企业主也不大愿意让股票上市。这就是除日本以外的“商人的亚洲”圈子里，很难拥有数量众多的百年以上企业的根源。

事实证明，日本人对匠人的尊崇是世界上知名的。不管是电视剧《工匠达人》，还是动画片《中华小当家》，都在传递着匠人的自豪。

在很多日本电视剧和动画片中，人们往往能听到如下的台词："我要做全日本最好吃的拉面""我要治好全日本的跌打伤"……这样的例子举不胜举。从受人尊敬的医师到普通的拉面师傅，各行各业都体现出从业者对技术的极致追求和骄傲。当然，这或许与日本旧时代森严的等级制度分不开。

第四章
中外家族企业现状“冰火两重天”

不管是《福布斯》排行榜还是《财富》排行榜，国外家族企业屡屡排在这些榜单的前列。在近几年的《财富》排行榜上，沃尔玛几乎年年位居冠军的宝座，日本也有丰田等家族企业上榜。家族企业是历史最为悠久的一种企业形态，在私有制条件下，历史上最早的企业均是家族企业，而且其生命力依然长存。

然而，一个问题摆在了我们的面前，那就是为什么有的家族企业能够延续发展，有的家族企业却“富不过三代”？因为“富不过三代”并不是一个放之四海而皆准的规则。在美国，肯尼迪、福特、洛克菲勒、福布斯等家族都已经“富过三代”；在欧洲，诺基亚创始人弗莱德里克·艾德斯坦(Fredich Idestam)等家族已经“富过三代”；在日本，三井、三菱、住友、安田等家族也“富过三代”……

然而，在《家族企业》发布的“全球最古老家族企业榜”上，中国家族企业无一上榜，“富不过三代”其实很有中国特色。这可能就是中外家族企业“冰火两重天”的真正原因。

第一节　最古老家族企业榜上中国和印度名落孙山

事实证明，中国有着浓厚的家文化传统，数千年来，家文化商业一直是主要的商业存在形式。然而，作为四大文明古国的中国和印度，尽管历史悠久，两国在家族企业传承方面却屡屡遭受诟病。

如果读者对这个论断非常质疑的话，那么我们来看看在美国《家族企业》杂志发布的全球最古老家族企业榜，见表 1－11[①]。

表 1－11　全球最古老的家族企业榜

序号	公 司 名	成立时间	行业/国家(所在地)
1	金刚组	公元 578 年	建筑施工/日本大阪
2	粟津温泉酒店	公元 718 年	饭店管理/日本小松市
3	Chateau de Goulaine	公元 1000 年	葡萄园、博物馆、蝴蝶收藏/法国 Haute Goulaine
4	Fonderia Pontificia Marinelli	公元 1000 年	铸钟场/意大利 Agnone
5	Barone Ricasoli	公元 1141 年	酒和橄榄油/意大利锡耶纳市
6	Barovier&Toso	公元 1295 年	玻璃制造/意大利 Murano Venezia
7	Pilgrim Haus 宾馆	公元 1304 年	宾馆管理/德国 Soest 镇
8	Richardde Bas	公元 1326 年	纸/法国 Ambertd'Auvergne

① 胡润百富.胡润全球最古老的家族企业榜(100 名名单)[EB/OL].2017.http://economy.enorth.com.cn/system/2006/06/07/001324788.shtml.

续表

序号	公 司 名	成立时间	行业/国家(所在地)
9	Torrini Firenze	公元 1369 年	金饰品制作/意大利佛罗伦萨
10	Antinori	公元 1385 年	酒业/意大利佛罗伦萨
11	Camuffo	公元 1438 年	造船业/ 意大利 Portogruaro
12	Baronnie de Coussergues	公元 1495 年	葡萄酒/法国 Montblanc
13	Grazia Deruta	公元 1500 年	陶瓷/ 意大利都灵
14	Fabbrica D'Armi Pietro Beretta S.p.A.	公元 1526 年	军火/意大利 Gardone
15	William Prym GmbH & Co	公元 1530 年	紫铜、黄铜、缝纫用品/ 德国 Stolberg
16	John Brooke & Sons	公元 1541 年	毛纺织品/ 英国 Huddersfield
17	Codorniu	公元 1551 年	酒业/西班牙 Saint Sadurní d'Anoia
18	Fonjallaz	公元 1552 年	酒业/瑞士 Lavaux
19	von Poschinger Manufaktur	公元 1568 年	玻璃制造业/德国 Frauenau
20	Wachsendustrie Fulda Adam Gies	公元 1589 年	蜡烛、蜡像/德国 Fulda
21	Berenberg Bank	公元 1590 年	银行业/德国汉堡
22	R. Durtnell & Sons	公元 1591 年	建筑业/英国肯特郡
23	J.P. Epping of Pippsvadr	公元 1595 年	杂货店/德国
24	Eduard Meier	公元 1596 年	鞋/德国慕尼黑
25	Toraya	公元 1600 年前	糖果业/日本东京

续表

序号	公 司 名	成立时间	行业/国家(所在地)
26	Tissiman & Sons Ltd.	公元 1601 年	缝纫业和服饰用品业/英国 Bishop's Stortford
27	Enshu Sado School	公元 1602 年	礼仪茶艺学校/日本东京
28	Takenaka	公元 1610 年	建筑业/日本大阪
29	Mellerio dits Meller	公元 1613 年	珠宝业/法国巴黎
30	Cartiera Mantovana Corp.	公元 1615 年	纸业/意大利 Mantua
31	Zildjian Cymbal Co.	公元 1623 年	铙钹/美国马萨诸塞州 Norwell
32	Kikkoman	公元 1630 年	酱油/日本 Noda
33	Sumitomo Corp.	公元 1630 年	联合大企业/日本东京
34	Akerblads	公元 1630 年	宾馆/瑞典 Tällberg
35	Tuttle Far	公元 1635—1638 年	农业/美国新罕布什尔州多佛
36	Gekkeikan	公元 1637 年	米酒/日本 Fushimi
37	Shirley Plantation	公元 1638 年	古迹/美国弗吉尼亚州查尔斯市
38	Hugel et Fils	公元 1639 年	酒业/法国 Riquewihr
39	James Lock & Co.	公元 1642 年	帽子制造/英国伦敦
40	Barker's Farm	公元 1642 年	牛奶和苹果/美国马萨诸塞州 North Andover
41	G.C. Fox & Co.	公元 1646 年	运输代理/英国 Falmouth
42	裹千里	成立于 1646 年	茶道/日本京都
43	R.H. Levey & Son	公元 1649 年	丧葬服务/英国 Stansted Mountfitchet

续表

序号	公司名	成立时间	行业/国家(所在地)
44	William Adams & Sons	公元1650年	制陶业/英国 Stoke-on-Trent
45	Ulefos Jernvaerk	公元1657年	金属、磨房、林业/挪威 Telemark
46	Van Eeghen	公元1662年	贸易企业/荷兰阿姆斯特丹
47	Schwarze & Schlichte	公元1664年	酿酒厂/德国 Oelde
48	Seaside Inn and Cottages	公元1667年	酒店经营/美国缅因州 Kennebunkport
49	Early's of Witney	公元1669年	毯子/英国 Witney
50	C. Hoare & Co.	公元1672年	银行业/英国伦敦
51	Firmin & Sons Ltd.	公元1677年	制服和徽章/英国伯明翰
52	Viellard Migeon & Cie.	公元1679年	炼铁/法国 Forges de Morvillars
53	Miller Farm	公元1684年	农业、木料/美国特拉华州 Frederica
54	Gradis Corp.	公元1685年	葡萄酒贸易/法国 Bordeaux
55	Toye, Kenning & Spencer	公元1685年	纺织/英国伦敦
56	Yamamotoyama	公元1690年	茶/日本
57	Delamare et Cie.	公元1690年	包装材料/法国 Criquebeuf-sur-Seine
58	Nolet Distillery (Ketel One Vodka)	公元1691年	酿酒厂/荷兰 Schiedam
59	Folkes Group	公元1697年	房地产和工程施工/英国 Lye
60	Berry Brothers & Rudd Ltd.	公元1698年	葡萄酒商/英国伦敦

续表

序号	公 司 名	成立时间	行业/国家(所在地)
61	Shepherd Neame	公元 1698 年	啤酒生产/英国 Faversham
62	Allandale Farm	公元 1700 年	水果、农产品和花卉/美国马萨诸塞州 Brookline
63	Farina Gegenüber	公元 1709 年	香水/德国科隆
64	William Dalton & Sons	公元 1710 年	病虫害防治/英国
65	Cooke Farm	公元 1720 年	农场/美国康涅狄格州 Wallingford
66	Nourse Family Farm	公元 1722 年	农业/美国马萨诸塞州 Westborough
67	Tissages Denantes	公元 1723 年	布料/法国 Grenoble
68	Amarelli Fabbrica de Liquirizia	公元 1731 年	欧亚甘草/意大利 Rossano Scalo
69	Fratelli Piacenza Corp.	公元 1733 年	毛纺织品/意大利 Pollone
70	Taittinger Champagne	公元 1734 年	香槟酒/法国 Reims
71	William Clark & Sons	公元 1739 年	亚麻布/英国北爱尔兰 Upperlands
72	Lyman Orchards	公元 1741 年	农业/美国康涅狄格州 Middlefield
73	John Whitley Farm	公元 1742 年	农业/美国北卡罗来纳州 Williamston
74	Boplaas	公元 1743 年	农业、果园/南非开普敦 Kou Bokkeveld
75	Aubanel Publishing Co.	公元 1744 年	出版业/法国 Avignon
76	Fonderia Daciano Colbachini & Figli	公元 1745 年	制钟商/意大利帕多瓦

续表

序号	公 司 名	成立时间	行业/国家(所在地)
77	J.D. Neuhaus Hebezeuge	公元 1745 年	起重工具制造商/德国 Witten-Heven
78	Villeroy & Boch	公元 1748 年	家用器皿/德国 Mettlach
79	Zenith Pipe Company	公元 1749 年	烟斗/荷兰 Gouda
80	Parlange Plantation	公元 1750 年	农场/美国路易斯安娜州 New Roads
81	Marie Brizard & Roger International	公元 1755 年	酿酒商/法国 Bordeaux
82	Joseph Drouhin	公元 1756 年	葡萄酒/法国 Beaune
83	Franz Haniel	公元 1756 年	联合企业/德国杜伊斯堡
84	Riedel Glas GmbH	公元 1756 年	玻璃制造业/奥地利 Kufstein
85	Lanificio Conte S. p. A.	公元 1757 年	毛纺业/意大利 Schio
86	Jose Cuervo	公元 1758 年	龙舌兰酒/墨西哥 Tequila
87	Waterford Wedgwood	公元 1759 年	水晶、瓷器和厨具/爱尔兰都灵
88	Creed Perfume	公元 1760 年	香水/法国巴黎
89	Griset	公元 1760 年	铸造厂/法国 Villers-St. Paul
90	Hacienda Los Lingues	公元 1760 年	大农场/智利圣费尔南多
91	Faber-Castell	公元 1761 年	书写器具/德国 Stein
92	Moller Group	公元 1762 年	金属制品/德国 Bielefeld
93	Bachman Funeral Home	公元 1769 年	丧葬服务/美国宾夕法尼亚州 Strasburg
94	Silca	公元 1770 年	钥匙和钥匙制作机械/意大利 Vittorio Veneto

续表

序号	公司名	成立时间	行业/国家(所在地)
95	斯佩 Spey	公元 1770 年	威士忌/英国 John
96	Osborney Compania	公元 1772 年	白兰地和雪利酒/西班牙 Cadiz
97	Editions Henry Lemoine	公元 1772 年	音乐发行/法国巴黎
98	Stuart Land Co. of Virginia	公元 1774 年	牛/美国弗吉尼亚州Rosedale
99	JB Fernandes & Sons	公元 1778 年	工具和铁器/葡萄牙里斯本
100	St. John Milling Co.	公元 1778 年	磨坊、农产品/美国田纳西州 Watauga

在研究中国家族企业时发现，中国家族企业创始人并不缺乏胆量和谋略，创始人筚路蓝缕、勤俭持家、披荆斩棘，和国外家族企业创始人几乎没有太大区别，白手起家创业的商人数量也为数不少，但历史悠长的中国为什么就没有大批量的长寿企业，特别是长寿家族企业呢？

在笔者的《命门：中国家族企业死亡真相调查》(升级版)一书中，开篇就谈到了这个问题，经过 10 多年的研究和梳理，发现原因主要有以下几个方面：

第一，中国家族企业自身原因。主要包括：① 建造豪门大宅。家族企业做大后，就将大量企业利润运回家族企业创始人出生地用于建造豪宅。徽商和晋商两个商帮将徽派建筑和晋派大院发挥得淋漓尽致。② 不重视对接班人的培养。大多数家族企业不重视对接班人的培养，始终认为“万般皆下品，唯有读书高”。这就使得很多能力较强的后生走向官场。③ 一味逐利，放弃实业。家族企业创始人往往逐利。比如：在中国改革开放崛起的浙江商人，他们大多数创办的都是家族企业，然而，当这部分家族企业做到一定规模后，创始人就开始放弃了实业，开始到中国各地去炒楼，甚至去炒农产品。山西的煤老板也跟浙江商人一样，把企业利润都用来炒楼炒股，甚至有的家族企业创始人还去借高利贷来炒楼。④ 盲目多元化。企业创始人急功近利，当取得一定经营规模后，就开始浮躁起来，不注重本业经营，而往往多元化发展。家族企业创始人实施多元化战略无可厚非，但是必须要考虑自身的企业条件和现状。而日本家族企业长寿的一个秘诀就是坚守本业。⑤ 缺乏长远的规划。当某些家族企业得到一定的发展，创始人往往安居一隅，“直把杭州作汴州”，结果错过了家族企业发展的大好机遇。

第二，旧时代外界因素的冲击。① 20 世纪上半叶，由于战乱，很多家族企业的货物被军阀强行霸占，甚至要缴纳非常高的军饷。② 在很多匪患严重的地区，商人的银子经常被抢劫，这同样影响家族企业的生存和发展。③ 由于战争涉及的地域较广、时间较长，这就阻碍了消费者购买商品的需求。④ 由于外国列强的入侵，使得国外企业享受超国民待遇，这就导致中国家族企业的经营困难重重。

当然，中国家族企业未能长久的原因还有很多，但是幸存下来的长寿家族企业同样经受了战争等外部因素的影响，中国家族企业无法长寿的原因还是自身的问题没有处理好。

第二节　最古老家族企业榜的六个特点

“全球 100 家最古老家族企业榜”这个榜单首次由美国《家族企业》杂志发布。不过，这个榜单里不包括任何皇室家族。如身价 200 亿美元的文莱现任国家元首哈吉・哈桑纳尔・博尔基亚，其家族有600多年的历史，他是第29世苏丹。欧洲最富有的王室列支敦士登公爵汉斯·亚当二世家族、日本皇室家族，摩纳哥国王阿尔贝二世家族等等。[①]

早在2003年，美国《家族企业》在2003年第1期(冬季版)上公布了全球最大200家家族企业的排行榜。前十名见表1-12[②]。

表1-12　2003年全球最大200家家族企业排行榜前十名

名次	企业名称	家　族	国家	年销售额(亿美元)
1	沃尔玛	沃　顿	美国	2 178
2	福特汽车	福　特	美国	1 624
3	三星集团	李健熙家族	韩国	987
4	乐　金	具滋暻家族	韩国	810
5	家乐福	德福来	法国	616
6	伊菲-伊斯酉特(ifi istituto)	阿亚里	意大利	592
7	菲亚特	阿亚里	意大利	547
8	卡吉尔	卡吉尔·麦克米兰	美国	508
9	标致雪铁龙	标　致	法国	458
10	科奇实业	科　奇	美国	400

这200家企业来自27个国家，其中美国几乎占了一半，多达99家，其次是法国17家、德国16家。

该排行榜首次公开了全世界家族企业的整体实力情况，并按照实力的大小排列。

---

① 《中国日报》.全球最古老家族的企业百强评出　无华人家族上榜[N].中国日报，2006-06-08.

② 小姜.美《家族企业》首推全球家族企业排行榜[N].人民日报(海外版)，2003-02-13.

不过在此之前,《家族企业》杂志从 2000 年以来,每年都推出年销售额超过 10 亿美元的各国家族企业名单。这其中就包括我们熟知的沃尔玛、福特、三星等家族企业。

而对于什么是"全球最古老家族企业",《家族企业》在发榜时申明,榜单给出的定义很简单,即它们应当是"连续存在的传统的经济组织"。

不可否认,既然家族企业能够上榜,说明这部分家族企业具有较强的生存和发展能力,同时也表明这部分家族企业经营者在传承中具有很多可以复制的模式。经过笔者团队 6 年的研究,我们发现,在这份榜单上,有六个非常明显的特点,见表 1-13。

表 1-13　100 家最古老家族企业榜的六个特点

特点概述	企业状况
地域集中在欧洲、美国和日本	该榜显示,这 100 家长寿家族企业主要集中在欧洲、美国和日本。在这个榜单上,英国 17 家,法国 16 家,美国 15 家,意大利 14 家,德国 14 家,日本 10 家,荷兰 3 家,西班牙 2 家
行业范围一、二、三产业俱全,但以二、三产业为多	该榜显示,这 100 家长寿家族企业的行业范围是:农林牧、酿造、房地产、建筑、制造、轻纺、珠宝首饰、银行、物流、商业服务,还有旅游及文化娱乐业,等等。从所经营的行业来分析,主要行业范围一、二、三产业俱全,但集中在二、三产业。其中从事手工制作的 24 家,从事酒类制造的 18 家,从事酒店行业的 5 家,从事茶叶企业经营的 4 家,以及从事葬礼企业经营的两家
其规模大多属中小企业	该榜显示,这 100 家长寿家族企业的规模较小,大多数家族企业都是中小企业。即使是排在首位的金刚组,2005 年的销售额不过 1 亿美元。排名第四的 Fonderia Pontificia Marinelli,成立于公元 1000 年,只有 20 名员工
专业性或者专一性非常强	该榜显示,这 100 家长寿家族企业的专业性或者专一性非常强。如金刚组一直从事寺庙的建设与修缮,金刚家族第 40 代堂主金刚正和说:"我们公司能生存这么久其实没有什么秘密。正如我常说的,坚持最基本的业务对公司来说非常重要。"

续表

特点概述	企业状况
知名度都非常有限	该榜显示，这100家长寿家族企业的知名度非常低，并不是“驰名世界”“全球闻名”的企业。这些企业的名声，仅仅在一个国家的有限区域内，甚至就在某个城市乃至更小的范围里
拥有有限的高信任度的消费者	该榜显示，这些全球古老家族企业拥有有限的高信任度的消费者，而有限的高信任度的消费者却是保证家族企业生存与发展的利润来源。家族企业提供的产品或服务不仅成为局部局域消费文化中的重要组成部分，而且还能赢得一定消费者群体“子子孙孙无穷匮”的跨代际信任、依赖和忠诚，使企业不仅能“跨世纪”，且能跨几个世纪乃至十几个世纪①

第三节　家族企业接班“冰火两重天”的深层次因素

在欧美以及东亚的日本等国家，数百年的家族企业举不胜举，就连建国才200多年历史的美国，上百年的家族企业也非常之多，较为知名的家族企业有洛克菲勒、摩根、福特、杜邦，等等。

然而，由于历史的原因，中华人民共和国成立后，对私有制进行改造，使得拥有百年及以上历史的家族企业戛然而止。但是私有化一直存在的中国港澳台地区同样没有古老家族企业上榜，表明中国家族企业传承方面无疑存在重大缺陷。

从以上榜单可以看出，中外家族企业在接班问题上可谓是“冰火两重天”。同样都是家族企业，为什么会出现如此大的差距呢？

在很多企业家论坛上，一些专家就认为，中外家族企业接班“冰

①　袁家方.老字号——世界话题[J].北京商业，2009(4).

火两重天”的深层次因素主要有以下几个方面。

第一,诸子均产的“分家”习俗。典型的例子就是“杨协成”。

在新加坡,“杨协成”可以说是一个非常著名的饮食公司,历史也非常悠久,即杨仁溜、杨天恩家族创办的新加坡协成有限公司。

当然,提到“杨协成”就不得不提及杨仁溜。杨仁溜是福建晋江人,生于1864年,曾经读过几年私塾。1879年,杨仁溜15岁时,就随他父亲到漳州谋生,受雇于一家酱园当小伙计。

尽管杨仁溜才15岁,但干活勤奋且老实忠厚。为此,杨仁溜深得老板的赏识,他在19岁时便被提升为掌柜。这家小酱园在杨仁溜的管理下,井井有条,生意兴旺。这样,杨仁溜又一气干了18年。

1901年,杨仁溜在福建漳州创办了酱园。而作为家族企业的创始人,杨仁溜一生共育有8个子女,5男3女。

1935年,71岁的杨仁溜由于身体状况欠佳,再加上岁数较大,于是把酱油厂交由年仅22岁的长子杨天恩管理。

20世纪30年代中期,由于中国政局动荡,杨天恩决定到新加坡开展业务。随着“杨协成”各项业务在新加坡的不断成长,杨家在1956年将酱油厂改为有限公司。

杨天恩把杨协成酱油厂的资产分成7份,由五兄弟和孙子至明、至杰各得1份。这为后来家族内讧埋下了隐患。

1969年,“杨协成”挂牌成为公共公司,1975年在马来西亚股票交易所上市。

1985年杨天恩过世后,杨氏家族成员内部开始不断就投资决策与管理理念出现分歧。

1993年以后,“杨协成”虽然采用多数形式的集体决策方式，但由于家族成员越来越多，带来了决策和执行上的困难，不久杨氏家族关系彻底破裂，家族企业就此瓦解。

其实，像这样在分家后倒闭的家族企业不胜枚举。不过，这样的分家方式在华人家族企业中较为普遍。

第二，缺乏一套完整的接班人计划或接班人培养方案。研究发现，由于受中国传统文化的影响，中国家族企业创始人往往不愿意提及交班，或者培养二代接班人。这样做往往被视为对家族企业创始人的不敬。

然而，结果就是许多家族企业面临创始人突然辞世，或者其他原因不能主持工作时，才不得不临时推举一个接班人。

毋庸置疑，中国家族企业缺乏一套完整的接班人计划或接班人培养方案，加剧了中国家族企业死亡的崩塌进度，极大地降低了家族企业成功传承的几率。对此，方太集团创始人茅理翔在研究了海内外诸多家族企业交接班案例后发现，中国乃至东亚家族企业的交接班方式与欧美国家有着很大不同：欧美企业注重从企业内部培养和提拔企业管理人才，每一步提拔都有计划可以依据，最终提拔至接班人的过程通常在10年以上，有些企业甚至达到20年。而中国家族企业则缺乏一套完整的接班人计划或领导人培养方案，许多企业的交接班甚至是临终嘱托，人治明显多于法治。但这也不能苛责中国家族企业，毕竟我们的家族企业历史比较短，规模也偏小。即便有计划也多是边交接边培养，或者边计划边调整，当然，这其中就难免付出惨痛代价。①

确实，更加理性的欧美家族企业创始人由于通过不断完善经理

---

① 董珺.富不过三代？家族企业如何迈过接班生死坎[N].南方都市报，2009-09-30.

人法治体系,实现家族对其所拥有企业的管理。欧美的家族企业,一般并不会因为本家族是企业的"主人",而过于强调对企业的日常经营管理权。如果家族的"接班人"并不适合接管企业,他们会选择职业经理人来对企业进行管理。或者采取类似"托孤"的做法,即建立一个由律师、银行家及职业经理人等成员组成的团队,共同协助继承人管理企业,[①]这就大大增加了其顺利交接班的可能性。

① 任蕙兰、金姬.豪门接班那些事儿:仅 18% 富二代愿意接班[J].新民周刊,2012(5).

第二部分

家族企业的长青基因

家族企业如何才能基业长青呢？这就是本书所要解决的问题，当我们研究多个百年企业之后发现，中国百年企业至今能够持续发展，离不开创始人所坚持的长赢基因。

——中国家族企业问题研究召集人 周锡冰

第一章
恪守家训

对于目前的许多青少年而言，家训曾经一度被遗忘，在某段特殊的历史中，家训被视为封建文化而被彻底改造。

然而，当我们在研究家族企业的传承时，不管是在亚洲各国，还是建国才 200 多年的美国，家训在家族企业经营中依然发挥着重要的作用。

第一节　家训教导接班人注重诚信和长远

在中国传统文化中，家训是一个重要的组成部分，影响过无数的古代中国人。一些家族为了维持必要的言行举止，以及规范行为，通常会拟定一定的行为规范来约束家族成员。这就是制定家训最早的初衷。在中国历史上，家训对个人的影响非常大，如在修身、齐家方面都发挥过重要的积极作用。

中国古人在远古时代经历了氏族、家族、家庭的变迁过程，在这个过程中，特别是当国家处在不安定和国法不明确时，家训就发挥了其正能量的作用。在旧时代，有些大家族的族规甚至比法律还管用。

自从秦始皇统一中国后，大一统的中国文化开始盛行。随着秦王朝被推翻，汉朝为了巩固自身的政权，董仲舒在元光元年(公元前134年)提出“罢黜百家，独尊儒术”的思想。

汉武帝作为中国历史上非常著名的帝王，在思想文化界首开“罢黜百家，独尊儒术”的国家政策，而该政策的实施标志着正式确立了儒家思想的正统与主导地位，使得专制“大一统”的思想作为一种主流意识形态固定了下来。

不可否认的是，董仲舒建议的“诸不在六艺之科、孔子之术者，皆绝其道，勿使并进”主张已经不是春秋战国时期儒家思想的原貌了，而是借鉴了道家、法家、阴阳五行家等学派的思想，在当时还是一种与时俱进的新思想。可以肯定地说，“罢黜百家，独尊儒术”思想维护了封建统治秩序，神化了专制王权，因而受到中国古代封建统治者推崇，成为两千多年来中国传统文化的正统和主流思想①。

在“大一统”思想的影响下，一些大的氏族和门阀家族为了延续家族的荣耀，开始着手教育他们的后代。于是，家训就开始成为一种训导家族成员的指导思想。这种指导思想成为家族成员做人经商时可以参考的依据。

在南北朝时期，出身士族的颜之推，为了更好地教育后代，在晚年时撰写了《颜氏家训》，其目的就是告诫后世子孙。

颜之推在《颜氏家训》一书的《序致篇》写道：“夫圣贤之书，教人诚孝，慎言检迹，立身扬名，亦已备矣。魏晋已来，所著诸子，理重事复，递相模学，犹屋下架屋、床上施床耳。吾今所以复为此者，非敢轨物范世也，业已整齐门内，提撕子孙。夫同言而信，信其所亲；同命而行，行其所服。禁童子之暴谑，则师友之诫，不如傅婢之指挥；止凡人

① 张忠炜.秦汉史十二讲[M].北京：中国国际广播出版社，2009.

之斗阋，则尧舜之道，不如寡妻之诲谕。吾望此书为汝曹之所信，犹贤于傅婢、寡妻耳。”

这段话表达了一个观点：同样的一句话，有些人会信服，因为说话者是他们亲近的人。禁止儿童过分戏谑，与其让老师、朋友去劝诫，不如让日常侍奉他的仆人侍女去劝阻；阻止兄弟间的争斗，尧舜的教诲比不上自家妻子的劝阻教育。

《颜氏家训》至今还在影响无数的中国人，为什么别人的家训还能教育其他的孩子呢？主要源于家训的积极意义。就像颜之推一样，在开篇就浅显直白地说出了家训的价值和意义——“整顿家风，教育子孙”。

在中国古代著名的家训中，《颜氏家训》只是其中之一，还有《朱子家训》等。研究发现，自汉朝开始，家训就开始担负起教育家族成员的作用。随着时代推移，家训渐渐地融入家族家谱中。有的家族在家谱中记录了许多治家教子的名言警句，成为人们倾心企慕的治家良策，成为“修身”“齐家”的典范。例如“一粥一饭，当思来之不易”的节俭持家思想，今天看来仍有积极意义。在家谱中有不少详记家训、家规等以资子孙遵行的。

由此可见，家训之所以被东亚人民，特别是中日所推崇，是因为其主旨乃推崇忠孝节义、教导礼义廉耻。不仅如此，在很多家训中，明文提倡什么和禁止什么，这些条文通常都是族规家法中的重要内容，如“节俭当崇”“邪巫当禁”，等等。

简而言之，由于每个家族不同，其族规家训也自然不同。在很多家谱中，较为常见的家训内容大致包括以下几项：

（1）注重家法、国法；

（2）和睦宗族、乡里；

（3）孝顺父母、敬长辈；

（4）合乎礼教、正名分；

(5) 祖宗祭祀、墓祭程序;

(6) 修身齐家。

在中国商帮中,晋商是一个非常强势的商帮。在晋商中,山西商人乔贵发为后来的乔氏集团打下了坚实的基础。

在200多年的风雨中,由于日本侵略中国,尽管元气大伤,但乔氏集团依然保持其旺盛的生命力,直到公私合营。可以说,乔氏集团能够兴盛200多年,将家族传递到七代,这离不开乔氏历代家长以德治世、以儒治家的思想。

在如今的乔家大院中,依然保存了乔氏子孙斋名以及严格的家训,如"不泥古斋""不拘今斋""昨非今是斋""不得不勉斋""自强不息斋""一日三省斋""退思补过斋",等等。

在"乔氏家训"中,明文规定不准纳妾,以及夫妇分房而居,定期相聚,等等。由此可见在乔氏集团鼎盛时期的家教之严、之实。

在很多商人看来,乔氏集团的成功都是投机性的,其实这样的观点大错特错。从"乔氏家训"来看,乔氏不仅对家族成员规范礼仪,而且还把家训的思想融入家族企业中,这才是乔氏集团能够延续200多年的一个最重要的原因。

在山西,像乔氏那样的晋商大院遍布各地,各种楹联也在告诫家族成员要懂得礼仪、遵守规范,如王家大院有"束身以圭观物以镜,种德若树养心若鱼",如常家大院有"三坟五典却是日常家用,四书六经原本济世文章",等等。

在以晋商为题材的话剧《立秋》中,"天地生人,有一人应有一人之业;人生在世,生一日当尽一日之勤"的晋商古训,印证了山西晋商成功的根源所在。因此,晋商能够在明清之际成就数百年商业辉煌,尽管实行家族企业管理模式,但是其核心依然是家族文化,特别是以浓厚的家训作为经商的指导思想。

第二节 家训对日本家族企业的影响

根据日本放送协会对600家长寿企业的调查数据显示，占八成以上的企业经营理念被以常规、家训等形式传承下来。例如，住友家族的家训——“经商如牛垂涎细长，如牛行路步步扎实”；金刚家族的家训——“不可盲目、不切实际多样化经营”。这些家训都在教导接班人要有长远的眼光和保守的经营战略，这样做能够最大限度保证企业的永续经营。

研究发现，家训是保证日本家族企业长寿的一个关键因素，甚至有研究者断言，恪守家训是日本家族企业能够延续千年的决定性因素。因为家训已经融入日本商界经营者的血液之中。

日本家训的历史非常漫长，在明治维新后，由于武士阶层淡出历史，曾经鼎盛一时的武家家训无疑也结束了自己的历史使命。

随着日本等级制度的废除，重商主义开始抬头，商人开始创办新型工厂，而敏锐的商人还成为日本这个国家“文明开化”政策的合作者。在当时，一大批敢于冒险、具有经营意识的人才乘日本明治维新而积累了巨额的财富。日本明治时期，可以称得上是日本富豪辈出的时代。

不可否认，近代日本企业绝大部分仍然是日本江户时代商家的延续，即使在日本明治维新后所创办的新企业，也同样是基于“家”基础之上形成和发展起来的。

在这一时期，家训在日本新的社会条件下有了更广阔的发展空间。像三井、住友、鸿池那样的老字号企业保持了旧有家训的延续性，在修改时注入了近代的思想内容；而新兴企业如三菱、安田、涩泽财阀则是在企业规模扩大、稳定之后制订家训，以作为家族成员和企业的约束。在形式上，近代以后的日本家训多以“家宪”相称，以突出家训作为家之法律的效力[①]。

正是因为如此，日本企业才能够沿袭数百年，甚至是千年，这都与长寿企业独具特色的商训密不可分。如创建于1661年的长寿企业——从事莳绘漆器艺术的象彦(Zohiko)就曾制定过两部家训：一部是宽政四年(1792)第二代彦兵卫制定的《家训》；还有一部是文政七年(1824)第三代彦兵卫留下的《年间例行仪式记》。《家训》分为“御高、家训、商用篇、东家心得、妇妻心得”五个部分[②]。

事实上，一些家训总是教导接班人在经营企业时要细水长流、连绵不断，并且不追求眼前利益。这或许是日本众多的家族企业经营者广为推崇家训的一个重要原因。以家训治家的中国传统家族文化，被日本吸收、借鉴和模仿。

然而，日本在吸收、借鉴和模仿的过程中，根据日本家族结构与社会结构的特征，发展和完善了日本独有的家训内容。这就是日本家训在存在范围、训诫对象、编撰风格、功能作用、内容侧重、发展趋势等方面[③]与中国家训有着非常明显不同的原因。

不管是有拥有1 400多年历史的金刚组，还是住友，其家训依然在如今的经营中发挥着积极作用。

表2-1 日本长寿企业的家训

企业名称	家训内容
锅屋企业	番头制(即掌柜制度)、莫谈国事、不得从事娱乐业
住友集团	不可乘一时之机为急功近利而铤而走险
奈良县食品企业	经商如牛垂涎细长，如牛行路步步扎实
金刚组	不可盲目、不切实际多样化经营

① 李卓.从家训看日本人的节俭传统[J].日本学刊，2006(4).
② (日)船桥晴雄.日本长寿企业的经营秘籍[M].北京：清华大学出版社，2011.
③ 李卓.日本家训的基本特征[J].山西大学学报(哲学社会科学版)，2009(1).

这样的家训警句，不仅成为一些企业发展的重要指导思想，而且还成为日本多数家族企业指导经营的金科玉律。

在日本诸多电影中，植入式广告非常普遍，然而，在《寅次郎的故事》这部电影中，植入式广告却非常独特。

尽管这部电影在日本妇孺皆知，但是《寅次郎的故事》却成为有意无意地避开植入式广告的范例。这部电影中，曾多次出现一个寺钟的画面。

然而，该电影中多次出现的那口寺钟，其实就是日本一个长寿企业在很多年前铸造的。钟上铭刻着“冈本太右卫门”的字样，而“冈本太右卫门”是这家长寿企业创始人名字，铸造该钟的企业叫锅屋百迪株式会社(Nabeya Bitech Kaisha)，是一家位于日本岐阜的铸造公司。尽管该企业只是一个拥有200多人的中小企业，但是在整个铸造业，受中国产品影响而陷于苦战的情况下，依然保持业绩增长。如今，为适应时代的需求，不断发展技术，生产水管、汽车部件、飞机机翼等模具乃至半导体关联的铸造产品。[1]

可以说，锅屋百迪株式会社是日本长寿企业中非常普遍的一个，其制造历史可以追溯到公元1560年，即永禄三年，正值中国明朝时期，至今已有450多年，足以看出这家企业的悠久历史。然而，其不但历史悠久，而且还曾被日本朝廷授予“御用铸师”的称号，因为其是由铸造饭锅起家。

事实证明，拥有450余年历史的锅屋百迪株式会社依然在危机重重的竞争中再次谱写了新的商业神话。其具体业务有：联轴器、直线导轨用制动器、特殊螺丝设备、机器人、机床、医疗

① 肖译曼.探寻日本长寿企业之生存智慧[J].现代企业文化，2010(1).

设备、车用检查设备、食品机械等。

可能有读者会问，在“富不过三代”的魔咒中，锅屋百迪株式会社是如何来撰写自己的商业神话的呢?

究其原因还是恪守家训。对此，锅屋百迪株式会社现任社长冈本知彦在接受媒体采访时谈道:“家训有三条: 一是掌柜制度;其次是莫谈国事;还有不得从事娱乐服务行业，就是不许投资，也就是要专心固守本行，我想这就是家训的本意。”

在冈本知彦社长看来，正是因为家训，才使得锅屋百迪株式会社历经数百年历史而长存。因此，家训在指导长寿企业的经营方面起到了巨大的作用。

第三节　家训对欧美家族企业的影响

在企业发展过程中，不论中外，只要创始人积累了巨额的财富之后，为了“富过三代”，教育后代就成为重中之重的任务。

在欧美国家，镀金时代给一大批勇于淘金者提供了创富的机会，当这批创富者成为欧美财阀时，延续其家业就成为一个不得不面临的问题。要想将家族企业打造成百年老店，家族企业创始人就必须成功地传承给二代、三代、四代……

众所周知，家族企业成功地传承给二代，直至N代接班人并不是一件容易的事情，这不仅需要家族成员的辛勤努力，而且还需要接班人的责任和能力。

这就意味着成功地传承下去的家族企业为数不多，传到二代的不多，传到三代的很少，传到四代的几乎难找。据资料显示，在家族企业的生存和发展中，仅仅30%的家族企业能够生存至第二代，而能够生存至第三代的家族企业更少，只有10%，家族企业成功传承的难度也就可想而知。

众所周知，在财产、技术、管理、知识基础、为人处事等方面，家族企业创始人相对来说还是比较容易传承给二代接班人的。但是一些隐性的能力如开拓、创新、敢想敢干、勇气、对机遇的把握、快速决策、抗压抗风险等等，这些企业家的精神，是最难言传身教的，必须要二代接班人有亲身经历才能获得。而正是这些企业家的精神，才是企业基业长青的决定性因素①。

在欧美家族企业中，一些创始人在传承过程中，把自己总结出来的财富家训传递给继承者。比如，罗斯柴尔德家族创始人梅耶·罗斯柴尔德(Mayer Amschel Rothschild)就把家训——“金钱一旦作响，坏话随之戛然而止”“只要你们团结一致，你们就所向无敌；你们分手的那天，将是你们失去繁荣的开始”“要坚持家族的和谐”等作为指导其继承者经商的信条。

资料显示，罗斯柴尔德家族拥有50万亿美元资产，已经富过八代，曾控制并主宰西方世界的金融业长达百年，其家族才是真正的世界首富，人类历史上最有权势的商业集团。

对于罗斯柴尔德家族的财富，甚至有人这样概括：“民主党是属于摩根家族的，共和党是属于洛克菲勒家族的……而洛克菲勒家族和摩根家族，都曾经是属于罗斯柴尔德家族的！”

在我们的印象中，只有类似“洛克菲勒家族”“摩根家族”“沃顿家族”“布什家族”这些声名显赫的名字。罗斯柴尔德家族异常低调，甚至有人曾这样评说这个家族：罗斯柴尔德家族(Rothschild Family)——地球上最为神秘的古老家族，一个隐藏在这个世界阴暗

① 高寿凯.新时期江苏民企该如何更好地传承与发展[N].中华工商时报，2011-08-31.

面的控制者，一个控制西方世界近两个世纪经济命脉的强大家族！或许对绝大多数普通人来说它是陌生的，因为在大众传媒时代，人们的目光或许只会关注20世纪二战前的美国①。

其实，在家族企业众多的欧美地区，家族通常影响企业的长久发展，特别是一些坚持家训的家族企业，这样的家族更能促进家族企业的生存和发展。

表2－2 欧美11大家族的家训

家族名称	家训内容
罗斯柴尔德家族 (Rothschild)	金钱一旦作响，坏话随之戛然而止。 只要你们团结一致，你们就所向无敌；你们分手的那天，将是你们失去繁荣的开始。 要坚持家族的和谐。
洛克菲勒家族 (Rockefeller)	人生只有靠自己，靠谁也不行！做生意要赶早，过了这村就没有这个店。 让孩子们通过家务劳动来挣钱是洛克菲勒家族的一贯传统。
摩根家族 (Morgan)	用以推动历史的不是法律而是金钱，金钱！ 今天就要预测到明天需要什么样的人才。 信息是赚钱的法宝。
沃森家族 (Watson)	加入一个公司是一种要求绝对忠诚的行为。 "思考"的重要性高于忠诚。
杜邦家族 (DuPont)	投资要保持最大的利润，至少是10%以上，保证风险最小，坚持全额投资；每一个国家只设一个工厂，从事一种产品专门生产。 投资要选择最幸运的地点、最有利的市场、最有前途的产品。
高尔文家族 (Galvin)	人是最重要的。 不要怕犯错误，放手去干吧！ 如果我们要做这件事，那就立即去做。

① 程功，沈优君.警惕！金融秃鹫来袭[J].企业家，2011(7).

续表

家族名称	家训内容
福特家族(Ford)	我从母亲那里学到了现代社会生存的方法,母亲教导的“勇气”“忍耐”“锻炼”以及“秩序”是我一生奉行不移的座右铭。
梅隆家族(Mellon)	缄口不语,经常与政府要人挂钩,你会得到最大的收益。
迪士尼家族(Disney)	迪士尼乐园的理想:希望人们在这里找到快乐和知识。如果不了解真实的事物,就不能根据真实的事物创造出奇想妙事来。
奥纳西斯家族(Onassis)	没有什么东西比成功更能导致成功。 无论怎样也要把皮肤晒成褐色,住在漂亮的房子里(哪怕你住的只是这幢房子的地下室),经常出现在以豪华著称的餐馆(哪怕你只要一杯饮料),如果你要借钱,就借一笔大数目。
马克斯家族(Max)	不问价钱,每件1便士。 倘若有数以百万计的人在你的商店川流不息,最有效的宣传方式就是口碑。只有当口碑不能快速地传达商店的动态时,才真正需要使用广告。

第二章 诚信经营

在中国商业史上，诚信主导着家族企业的发展和壮大。尽管中国家族企业经过公私合营，但是在如今依然能看见当初坚守诚信的痕迹。

由此可见，诚信是家族企业赖以生存和发展的根基，也是家族企业在市场经济中生存与发展的立足点。

对此，香港长江实业公司董事长李嘉诚坦言："一时的损失，将来是可以赚回来的，但失去了信誉，就什么也做不成了。我做生意，一直有一个宗旨，那就是不投机取巧，要以诚待人，在对客户做出承诺之后，无论碰到什么样的困难，仍要履行对客户的承诺，以取得客户信任。"

第一节 人无信不立，企业无信不兴

在中国家族企业中，其创始人是非常重视诚信的。不管是创建于清康熙八年(1669)的同仁堂，还是创建于同治十三年(1874)的胡庆余堂，都是如此。

尽管在创建时，这两家都是从小小的药店开始的，同仁堂的创始人乐显扬的服务宗旨是——“修合无人见，存心有天知”。

从1723年开始，同仁堂就向宫廷供奉御药，历经八代皇帝188年的历史。在300多年的历史中，尽管历经沧桑，但是同仁堂历代经营者始终恪守“炮制虽繁必不敢省人工，品味虽贵必不敢减物力”的古训，将“修合无人见，存心有天知”的自律意识融入同仁堂的经营和管理之中，从而造就了在制药过程中兢兢业业、精益求精的严细精神，其产品以“配方独特、选料上乘、工艺精湛、疗效显著”而得到病患的认可。

胡庆余堂创始人胡雪岩的服务宗旨是——“戒欺”，而现存的“戒欺”匾额是胡雪岩在清光绪四年(1878)四月亲笔所写的店训，告诫属下要恪守诚信。

图2-1　“戒欺”横匾

“戒欺”横匾的内容如下：“凡百贸易均着不得欺字，药业关系性命，尤为万不可欺。余存心济世，誓不以劣品弋取厚利。惟愿诸君心余之心，采办务真，修制务精，不至欺予以欺世人，是则造福冥冥，谓诸君之善为余谋也可，谓诸君之善自为谋亦可。”

由此可见，胡雪岩创办胡庆余堂时非常崇尚诚信经营，而“戒欺”的经营理念涵盖方方面面，如倡导“真不二价”，即做生意讲诚信，老少无欺，贫富无欺，不能有丝毫掺假，“采办务真，修制务精”。

胡雪岩的诚信经营，正是胡庆余堂饮誉139年的立业之本。而从“戒欺”横匾的内容可以看出，这不仅是创始人胡雪岩对胡庆余堂经营者的谆谆告诫，是胡庆余堂制药的铁定规则，也是胡庆余堂称雄制药界的原因所在。

在如今的浙江家族企业中，诚信经营已然融入企业经营中。研究发现，在浙江家族企业经营中，诚信的传统可谓源远流长，不管是曾经的龙游商帮，抑或是拥有139年历史的百年老店、位于杭州的胡庆余堂。

在130多年前，诚信经营都是一种自我约束，没有像今天有完善的法律和相关的地方法规。当然，这样的榜样也是指导今天的浙江商人的一个重要的经营指南。

曾经的胡庆余堂学徒、浙商中的代表人物、正大青春宝集团董事长冯根生在接受媒体采访时说：“诚信戒欺是我的规则，也是浙商精神的灵魂。凡是浙江出去的都讲诚信，我认为这个就是浙江精神。”

在冯根生看来，经商就必须讲诚信，不能存在欺骗行为。冯根生说：“戒欺就是诚信。我工作了57年，当了30多年的国有企业老总，从来就是讲诚信，不骗人。我认为这是最主要的浙江精神。”

不可否认，诚信是一个商帮竞争力的直接体现，而冯根生把诚信看得更高，直言浙江企业的发展都是建立在诚信的基础之上的。冯根生说：“其实在生意经中的规矩就体现了我们浙商的精神，第一是戒欺，戒掉一切欺骗；第二是诚信，对待所有顾客都应该诚信；第三是不得以次充好；第四是不得以假乱真；第五是童叟无欺；第六是真不二价，没讨价还价的，反过来叫价二不真。因此，这几年浙江的民营企业发展迅猛，令世界刮目相看。”

不仅如此，冯根生认为，诚信造就了浙江商人。冯根生说：“胡雪岩实际上是过去浙商的代表，虽然他是安徽人，但很小就到浙江来了，他把徽商的精神融进了浙商，并在胡庆余堂整个经营思路中体现了浙商精神。近3个世纪以来的中国历史上，有过晋商，有过徽商，但更主要的是浙商。晋商和徽商随着时间已经逐渐地淡下去了，可浙商现在是越来越体现出他们的精神。为什么讲胡庆余堂是过去浙商的代表呢？在它的营业大厅写着两句话：虚假无人晓，诚信有天知。我小时候就是在这个教育熏陶下成长起来的。”

尽管时过境迁，但是而今的浙江家族企业更加重视诚信了。对此，康奈集团总裁郑秀康在接受媒体采访时重点强调：“做人需要诚信，办企业同样需要诚信。一个人如果不守信用，就会失去伙伴；一个企业如果不讲诚信，唯利是图，就会失去市场。坚持诚信才能给企业带来长远效益，企业才能长盛不衰。”

从郑秀康的话不难看出，康奈今天的业绩离不开诚信经营，在这里，我们来看看郑秀康的诚信经营。

在2005年“十大风云浙商”的颁奖典礼现场上，康奈集团总裁郑秀康获得“十大风云浙商”的殊荣。在接受央视主持人沈冰的采访时，郑秀康说：“1987年8月8日，杭州武林门广场为什么会发生火烧温州鞋事件？究其原因，诚信是关键，失去了诚信，企业也就失去了生命……”

郑秀康的这番话印证了康奈集团的发展。事实上，康奈集团由一个小作坊发展到年产皮鞋800多万双的龙头企业，在这样的业绩后面，除了郑秀康的勤奋和努力——在1979年，33岁的郑秀康才开始当制鞋学徒，诚信无疑成了康奈集团发展过程的重要支撑点。

在郑秀康看来，诚信的根本是建立在优质产品的基础之上的。为此，郑秀康在20世纪90年代就从意大利、中国台湾等地引进了先进的制鞋设备和技术，不仅如此，还相继导入了ISO9001国际质量管理体系和ISO14001环境管理体系。康奈生产的每双皮鞋，其生产工序不低于280道。

当然，严格的生产工艺、过硬的产品质量给康奈带来了巨额利润，出口的每双皮鞋其零售价都超过60美元，康奈皮鞋专卖店的数量迅速增长。资料显示，在2005年，康奈已在中国大陆地区拥有2 300多家专卖店，在欧美10多个发达国家也拥有80多家专卖店。

郑秀康强调，除了优质的产品，热忱的售后服务也是康奈诚信经营的一个支撑点。在康奈集团，不仅设有专门的售后服务部门、服务热线，在康奈网站上还为顾客开设了留言专栏。

例如，2005年3月8日，安徽淮南的唐先生在康奈网上咨询相关内容。集团售后服务部迅速与之联系并为其解答，唐先生激动不已："我很高兴接到贵公司的售后服务电话，这说明康奈公司对任何一位消费者的意见都是高度重视的！"

唐先生的案例只是其中的一个，正是康奈把诚信融入精益求精的服务态度中，像唐先生这样的案例不胜枚举。

然而，当康奈的诚信成为一种口碑之后，有人愿意支付每双20元的价格购买康奈商标的使用权。

面对巨额的商标租赁收入，郑秀康却拒绝了，他说："我们温州皮鞋以前因质量不好，走了弯路，发生了1987年杭州武林门火烧温州鞋的事件，造成全国拒卖温州鞋。今天我们康奈有了名，是来之不易的，不能为了眼前的一点利益，而砸了自己的牌子。"

郑秀康的诚信行为，当然也得到了回报，康奈集团获得了"浙江省诚信企业"、国家级"重合同守信用"单位的称号。不仅如此，温家宝总理也曾视察过康奈集团；由中科院评选的"中国最具竞争力民营企业50强"中，康奈荣登第11位。这一切都与康奈集团"诚信经营、服务大众"的经营理念分不开。

众所周知，诚信已经成为任何一家公司的立足之本和发展源泉。当市场经济体制走向规范、法制越来越完善，不诚信的行为就会受到应有的惩罚。

事实证明，一个成功的公司必定是一个诚信的公司。诚信经营，说到底是一种实力的经营，科技渗透的经营，资金投入的经营，文化输入的经营。没有这些，诚信经营就是一句空话。

第二节　中国老字号创始人深受儒家文化影响

在明清时期，中国商业迎来了发展的高峰，很多创建于这个时期的家族企业时至今日依然在经营和发展，如全聚德、同仁堂、茅台等。

在此阶段，由于家族企业创始人受儒家文化之仁德精神与诚信思想的影响较大，在家族企业经营和管理中通常能形成良好的诚实守信的传统。尽管这种传统儒学思想明显带有浓厚的农耕经济意识，但是却为家族企业做大做强提供了理论支持和文化土壤。例如，胡庆余堂里的“戒欺”匾，以及同仁堂的“修合无人见，存心有天知”，这些自律准则都极大地为企业做大做强提供保证。研究发现，在中华老字号中，经营食品和药品的商家占了很大比重。民以食为天，人们对食品和药品的安全、可靠度十分关注。注重诚信、关注民生的经营文化就成为经营食品和药品的老字号的突出特点①。

在专家王成荣看来，老字号企业的发展深深植根于中华民族文化的沃土之中，也就是深受儒家文化之仁德精神与诚信思想的影响，这自然而然在经营中形成了良好的诚实守信的传统。尽管不同的企

① 王成荣，李诚，王玉军.老字号品牌价值[M].中国经济出版社，2012.

业经营模式不尽相同，但老字号企业长期以来坚守的文化内涵，如“诚实守信的经营原则、尊重顾客的服务意识、对产品质量精益求精的职业精神”，尤其是“童叟无欺、货真价实”，这些都已经成了老字号企业经营的制胜法宝①。

在中国，“民以食为天”的观念已经深入人心，顾客对食品和药品的安全、可靠等方面都倍加关注。如今一提到老字号，大部分食品老字号企业会出现在消费者脑海中，这也说明了老字号企业的诚信深受消费者的肯定②。

来自北京的“老字号”影响力调查数据显示，在消费者最喜欢的老字号品牌前十名（全聚德、稻香村、东来顺、同仁堂、六必居、吴裕泰、张一元、馄饨侯、王致和、西单商场）中，经营食品和药品的就占了九家，并且排在前九位③。

由此可见，中国家族企业的诚信文化已经深深植根于中华民族文化的沃土之中，说到诚信，同仁堂“炮制虽繁必不敢省人工，品味虽贵必不敢减物力”的训诫，便给消费者以放心消费的信心，在市场强烈呼唤商业诚信的今天显得弥足珍贵。在我们饱受假冒商品泛滥之苦的今天，老字号企业的诚信经营理念，自然会受到消费者的称赞。所以，同仁堂以及更多的老字号企业之所以能经营至今，长盛不衰，很大程度上取决于对“诚信”这一理念的秉持④。

当我们反观中国古代的商帮文化时会发现，诚信是一个商帮兴起的最基本的竞争手段。当然，这与这部分家族企业创始人受儒家文化的熏陶有关。

资料显示，龙游商帮可以追溯到南宋时期，在明朝中叶达到鼎盛，而在清朝走向衰弱。尽管龙游商帮已经衰落，但却是中国十大商

①②④ 姜子谦.老字号企业是如何经营品牌的[N].北京商报，2012-08-08.
③ 王成荣、李诚、王玉军.老字号品牌价值[M].北京：中国经济出版社，2012.

帮中唯一一个以县城命名的商帮，也是今天浙江商帮的前身。

可能创业者会问，区区一个县何以能够成为一个商帮的代名词？这还得从当年的徽商、晋商争雄开始说起。

当徽商和晋商之间互相竞争之时，位于浙江西南部的龙游商帮却乘机崛起。龙游商帮虽以“龙游”命名，但并非单指龙游一县的商人，而是指浙江衢州府所属龙游、常山、西安（今衢县）、开化和江山五县的商人，其中以龙游商人人数最多，经商手段最为高明，故冠以龙游商帮之名，简称“龙游帮”①。

在明清时期，龙游商帮之所以能与实力雄厚的徽商、晋商等商帮较量，在珠宝业、垦拓业、造纸业、印书业等行业中赢得胜利，除了龙游商帮具有不怕艰苦、开拓进取的精神，以及擅长经营管理外，还离不开其诚实守信的职业道德。

在龙游商人的经商过程中，非常看重“财自道生，利缘义取”“以儒术饰贾事”，从中足以看出龙游商帮一以贯之的主张诚信为本，坚守以义取利的儒商品格。

龙游商人傅家来，就把诚信融入其创办的傅立宗纸号中，明确把产品质量作为傅立宗纸号的立身之本，而且对产品质量精益求精。公开资料显示，傅立宗纸号所生产的纸张，不仅质量上乘，比同行出产的同一件纸号要重 10 多斤。

不仅如此，傅家来对造纸生产流程中的每一个环节都非常重视，严格检验生产流程上的半成品，一旦发现次品，就会挑出，绝不能销售。

为了表示对用户负责和维持良好的信誉，其产品都统一加印“西山傅立宗”印记。在傅家来质量第一的战略思想下，傅立宗纸号生产的产品享誉各大市场，且历久不衰。

---

① 何蔚萍.龙游商帮：儒与商之间的密切结合[N].衢州日报，2008 - 03 - 24.

在傅家来看来，只有诚信才能赢得良好的市场信誉。傅家来只是龙游商人中的一个，坚持诚信的龙游商人举不胜举，如经营丝绸的明代龙游商人李汝衡，不仅在本地经营丝绸，而且还把丝绸商品销售到湖广十五郡，甚至垄断了湘楚的丝绸市场。尽管李汝衡的丝绸生意做得非常大，但是他却仍非常注重诚信。

对此，明代大文人李维桢著文赞扬李汝衡说："李十二汝衡者，越之龙游人也。……至汝衡而资益拓，所居积绮縠纻罽，遍四方之珍异，挽舟转毂以百数，所冠带衣履，遍楚之十五郡。而善与时低昂，人或就之贳贷无所靳，亦不责子钱，久乃或负之，遂不复言。……楚人慕其谊，争交欢汝衡。"①

李维桢的赞扬名副其实，将诚信作为经商从贾的道德规范，正是龙游商帮积累财富、成为中国十大商帮的要诀。

创办于清代乾隆年间、以信誉著称的姜益大棉布店，冠为金(华)衢(州)严(州)三府第一家。资料显示，自从胡筱渔接管姜益大棉布店以来，把信誉提升到重要的战略地位上，对每一名员工都进行诚实守信的教育。不仅如此，胡筱渔还多次要求姜益大棉布店实行薄利多销，做到公平合理，童叟无欺，决不二价。

为了解决流通中银元掺假而损害顾客利益的问题，姜益大棉布店为此特聘了三位经验丰富的验银工，对所流通银两进行严格的检验，凡经过姜益大棉布店的银币都加以"姜益大"印记。

在实际的经营中，姜益大棉布店往往不以短期行为来赚钱，有时为了维护自身信誉，宁愿承担暂时的巨额损失，其目的是为了更好地发展。如胡筱渔在海宁订购了 7 500 匹石门布，价值 6 万银元。然而，布匹在运输的过程中却遭到了抢劫。按照约定，

---

① ［明］李维桢：《赠李汝衡序》，《大泌山房集》卷 68。

这批布的损失由海宁布商负责。

事发后，海宁布商派人与胡筱渔协商此事，并且主动承担此次布匹的损失，然而，胡筱渔重义疏财，当场偿付了海宁布商 6 万银元布款，同时又再订购了 7 500 匹棉布。

胡筱渔的这一义举，使得姜益大布店的信誉大大提升。在以后的经商活动中，凡碰到货物紧俏时，海宁等地布商都首先满足胡筱渔的货源需求，全力支持胡筱渔渡过难关。

胡筱渔对职工也以礼相待，以诚相待，从不刻薄。职工中年长者，以叔伯相称，同辈以兄弟、晚辈以弟侄相呼，平等待人。年终还发“红利压岁钱”，春节赏每一职工一匹布代价的奖励金。以心比心，诚挚待人，职工受感动，工作就更负责，保证了姜益大的良好运作[①]。

由于中国传统文化影响了龙游商人，使其始终保持着良好的节操，注重自身的修养，不仅重视社会责任感，同时还强调诚信为本。正因为如此，龙游商人闻名于世。公开资料显示，龙游商人主要从事的业务范围很广，见表 2－3。

表 2－3　龙游商人的经营范围、代表商行或人物

主要行业	重要集镇	代表商行或人物
纸　商	远销江苏一带	龙游溪口镇是造纸和纸张贸易中心
书　商	浙江、江苏、河北及山东、京师	明代龙游书商、藏书家童佩
粮食商	毗邻各省	龙游茶圩米市，年销量 1 200 万吨
山货商	全国及东南亚各国	胡同和号，年产各类油 10 万余斤

① 陈学文.天涯贾客、无远弗届：龙游商帮的历史辉煌[J].浙江外国语学院学报，2014(6).

续表

主要行业	重要集镇	代表商行或人物
药材商	毗邻地区	龙游县城滋福堂药店
丝绸棉布商	远销湖广一带	龙游县城百年老店姜益大广货店
珠宝商	最大市场在京师	一般单人匹马经营
海外贸易商	日本、东南亚各国	海外走私贸易为主
边贸商	远销缅甸、印度	在云南姚安地区垦荒经商

事实证明,龙游商人之所以能在市场竞争中崭露头角,是与他们有着良好的商业道德很有关系的,声誉良好,赢得了人们的信任。反之,也有些商人欺诈造假,却只能蒙骗一时,不能长久立足。明代浙江人张应俞编著了《杜骗新书》,列举了 24 类 84 则骗术,均为明代中叶以来生意场上不诚信的劣迹。相比之下,龙游商帮的诚实守信就显得非常可贵。

对此,浙江省社会科学院历史研究所原所长、龙游商帮研究专家陈学文教授坦言:"龙商之所以能取得巨大成功,是因为他们重视自身的职业道德修养。公平交易,不欺童叟,重信誉,不短斤缺两,不假冒欺骗,是龙商的经商信条。"

第三节 "诚信第一"是理所当然的信条

在中国的商业历史上,诚信至上的风尚融入了经商的活动中,这不仅由于中国古代商人深受儒家文化的熏陶,甚至还把儒家文化作为人生行为的一个标杆。因此,诚信会影响其一生。

在东亚,日本深受中国儒家文化的影响,在商人眼中,诚信的作用依然很大。在对日本长寿企业研究的过程中我们还发现，在这些日本长寿企业经营者的意识中，诚信对于整个企业而言都是生死攸关的事情。

在这些日本长寿企业经营者看来，在实际经营中，只有坚持诚信，只有坚持社会责任感，只有生产的产品货真价实，才能赢得顾客的信赖和支持；反之，如果在经营中，坑蒙拐骗合作伙伴或者顾客，那么只能是一锤子买卖。这样做的后果非常严重，不仅会失去可依赖的合作伙伴及广大顾客，而且也是在为自己的企业自掘坟墓。

诚信是任何一个企业最好的竞争手段，是任何一个企业整体战略的有机组成部分。一旦企业没有诚信，就不可能快速发展，更不可能成为延续上百年的长寿企业。

这主要是因为任何一个企业的发展和壮大，都离不开诚实守信的商业道德，可以这样说，诚信是任何一个企业正常经营的保障。对于任何企业来说，要想基业长青和永续经营，诚信就是这个企业永不褪色的基因。

在很多日本商店中，所有商品都必须明码标价。不仅让顾客可以购买到价格低廉的商品，同时还可以知道商品的价格。

估计有读者会问，商家不会虚报价格吗？答案是否定的。因为只有坚持诚信，商家才会赢得更多的顾客。

在日本，明码标价也不是一开始就有的。在日本的商业历史上，一些商人为了获得最大利益，开始都不标价。这些短视的商人认为，只有不标价，才可能赚取更高的利润。

为了赢得更多的顾客，三井财阀创始人三井高利率先打破这一商业“潜规则”，实行明码标价、货不二价的销售策略。

提及三井高利，估计很多读者并不了解。而今著名的三井财阀就是由三井高利创建的。三井高利于 1622 年出生于松阪，其父为三井高俊。

三井高利最初的经商生涯是从卖棉花开始的。在当时，松阪是日本棉花的主要产区，而松阪出产的棉花享誉整个日本。

在日本延宝元年(1673)，三井高利离开故乡松阪，在京都开设了一家“吴服店”，也就是今天的日本和服店。

1683年，由于店铺失火，三井高利在江户(今东京三井住友银行总行所在地)，开设了同样的商店，店名与其父的店名一样，叫作“越后屋”。京都店负责采购，江户店负责贩卖。这就是世界上第一家百货商店——“三越百货公司”的起源。也正是这一时期，世界商业史上史无前例的“现银底价、言无虚价”经营法诞生了。

很多不诚信的行为，对于三井高利来说，是无法认同的。为此，三井高利将诚信谱写进日本的商业领域，使其发扬光大，从而做到明明白白经商，清清楚楚赚钱。而诚信的商业规则不仅没有毁掉三井高利的生意，反倒成就了三井商业帝国数百年的繁荣。

三井在日本众多长寿企业中就是大海中的一滴水珠，非常多的日本长寿企业能存活到今天，诚信的作用不可小觑。

从三井高利的事例中不难看出，很多长寿的日本家族企业往往把“诚信第一”作为理所当然的信条来践行。很多日本家族企业非常推崇“信使可复，器欲难量”。

这句话的意思是：诚信的话要兑现，要能经得住时间的考验；一个人做人处事心胸器量要大；大到让人难以估量。孟子也曾在《孟子·离娄上》中坦言：“诚者，天之道也；思诚者，人之道也。”

孟子认为，诚实是天地之大道，天地之根本规律；追求诚信，则是做人的根本原则。

中国传统文化对日本影响之深，远超过我们的想象。在 80 多年前，著名学者辜鸿铭就谈道：“继承了真正中国文明之精华的是日本人而非中国人。汉唐时代形成的中国文明，被元朝及后来游牧民族的入侵给打断。日本则成功地抵抗了忽必烈的进攻，在海外保留了中国文化的真传。应该说日本人是真正的中国人，是唐代的中国人。”

辜鸿铭在 80 多年前的言论，不仅在当时引起巨大的反响，在如今也被再次谈起。《中国新闻周刊》曾以“辜鸿铭：日本人是真正的中国人”为标题播发微博谈及此观点。

在古代中国，“信为人之本，人无信不立”。而“信”字的含义，简单地说就是讲信用，不欺诈，诚恳待人，以信用取信于人。

在中国传统文化中，倡导儒家“五常”——“仁、义、礼、智、信”。在《论语·颜渊》篇中，孔子就谈到信的作用，而且还谈到了“人无信不立”的核心观念。

> 子贡问政。子曰：“足食，足兵，民信之矣。”子贡曰：“必不得已而去，于斯三者何先？”曰：“去兵。”子贡曰：“必不得已而去，于斯二者何先？”曰：“去食。自古皆有死，民无信不立。”

这段话的意思是，子贡向老师孔子请教如何治理一个国家。孔子对子贡说：“粮食充足，军备充足，使老百姓认为统治者有信用。”

子贡向老师孔子发问说：“如果不得不去掉一项，那么在三项中先去掉哪一项呢？”

孔子回答说：“去掉军备。”

子贡又向孔子发问说：“如果不得不再去掉一项，那么这两项中去掉哪一项呢？”

孔子说：“去掉粮食。自古以来人总是要死的，如果老百姓认为统治者缺乏信用，那么国家就不能存在了。”

在这个案例中，作为老师的孔子回答了弟子子贡所问的三个问题。孔子认为，治理好一个国家，必须具备三个起码的条件：粮食、军备充足、老百姓认为统治者有信用。但是在这三者当中，老百姓认为统治者有信用是最为重要的。这体现了儒学的人学思想。如果只是粮食、军备充足，但老百姓认为统治者没有信用，那么这样的国家是不能存在的。

国家是如此，企业亦然。不管是在幕府时期的日本企业，还是在如今的日本企业中，经营者都清楚，在市场竞争中，企业的竞争根本上就是信誉的竞争。在打造名牌的过程中，信誉才是最好的手段。

事实证明，只有那些真正坚持诚信的企业，才能赢得顾客的信任，才会有积累和沉淀，才会在竞争的时代赢得胜利。在这样的文化熏陶下，受中国文化影响的日本商人自然把这“五常”作为做人、经商的训条，而日本拥有三万多家的百年企业也就不足为奇了。

第三章
家文化

在家族企业做强做大的过程中，家文化的作用不可小觑。在如今的新时代，尽管家文化的作用已经大大削弱，但是在很多企业的管理中，家文化的作用依然被肯定。这在倡导西方管理制度的非家族企业中绝对是一件不可思议的事情。

中国家文化与西方管理制度在企业管理中存在着极大差异，家文化管理与西方制度化下的情感化管理存在共同的地方。不过，中国家文化在尊重合作伙伴、诚信经营、善待员工方面，比西方管理制度要优越得多。只不过由于历史的原因，家文化被视为封建文化而遭遇摒弃。然而，在改革开放后，中国家族企业雨后春笋般成长起来，不仅创造了惊人的业绩，即使在西化的今天，家文化在管理中依然具有巨大的适用价值，因为家文化所蕴含的管理哲学是保证家族企业基业长青的原动力。因此，要想家族企业长远发展，构筑基业长青的家族企业家文化就势在必行。

第一节　家文化管理被摒弃的历史根源

在很多公开课中，笔者都会不厌其烦地向学员讲述家文化并非一无是处，只要用好了，家文化起到的作用比制度大得多。

然而，在论述这个观点时，总有留学欧美的学员会强调制度的重要性。实际上，在中国的传统家文化中，同样重视规范和纪律，只不过被“新时代”的中国人忽略了。

可能有读者会问，很多非家族企业为什么偏爱制度管理呢？这还得从1840年的中英鸦片战争谈起。由于中国在鸦片战争中被西方帝国主义打败，其后，中国再次被日本打败，中国一部分人开始反思中国诸多积重难返的问题，一些朝廷大臣从过去的蔑视西方到崇拜西洋的火器。在民间，受儒家思想熏陶的人士也在寻求强国的方法，而后一大批中国留学生赴美、赴日留学。

从鸦片战争到1945年的100多年里，由于被列强入侵，可以说中国人是非常自卑的。在传统的帝国制度土崩瓦解的同时，中国人的自信心也跌落到了历史的低点。在这样的背景下，中国传统的家文化遭到毁灭性的破坏，而一些企业管理者就开始过分迷恋西方的管理思想。

当然，这部分企业管理者迷恋西方管理思想，其深层次的原因是，自从1840年鸦片战争的炮火轰开了中国的大门，西方的科技神话和管理神话就开始入侵中国商人的经商文化。

其实，这样的观点在同属儒学文化圈的日本受到质疑。对此，日本大藏省前副财务官船桥晴雄就曾撰文指出：“自1840年的鸦片战争以来，欧美，特别是美国的资本主义成为主导世界的潮流。它崇拜绝对化的个人自由与尊严，追求无止境的社会进步与发展，政治上实行民主主义，经济上最大限度地发挥市场机能。这种只追求利润的资本主义经济逐渐蔓延到整个世界，导致了地球环境的恶化，地域社会的崩溃，激化了恐怖主义，给社会带来严重的不安。2008年雷曼公司破产引发的全球金融危机，足以使我们认识到资本主义社会的极限。它无疑表明，欧美的资本主义已走到了尽头。那么，资本主义之后又会是一个什么样的社会呢？也许比起绝对化的个人自由来说，更强调先有集体才有个人，重视集体主义；也许比起固执于某一方的绝对正确性来说，更类似于中国古代‘阴阳’思想的二元论思想；也许比起无止境的社会进步与发展来，更重视安定、协调、幸福；等等。”

船桥晴雄的观点给中国家族企业指明了一个方向，那就是中国传统的管理理论才是支撑着世界家族企业发展壮大的核心因素，尽管沃尔玛没有直接采用中国古代的管理理论，但是沃尔玛却实践了中国古代的管理理论。

船桥晴雄的观点是有依据的。早在日本明治维新以前，即 1853 年，美国海军准将马休·佩里（Matthew Calbraith Perry）率领舰队进入日本江户岸的浦贺，把时任美国总统米勒德·菲尔莫尔写给日本天皇的信交给了德川幕府，要求同日本建立外交关系和进行贸易，史称“黑船事件”（亦称“黑船开国”）。1854 年，日本与美国签订了《日美亲善条约》，又名《神奈川条约》，同意向美国开放除长崎外的下田和箱馆（函馆）两个港口，并给予美国最惠国待遇等①。

此刻，日本国门已经开始向欧美国家敞开，由于接踵而来的一系列不平等条约的签订，日本从明治维新开始全面西洋化。不过，由于日本的村庄经济在西洋化的同时，保留了传统的儒学文化，因此即使在今日的日本，传统的中国文化依然随处可见。

当日本二战战败后，其工业基础被摧毁，可以说是在一片废墟和瓦砾的基础之上开始建设的。然而经过短暂的几十年，日本一举成为位居世界第二的强国。在日本成为世界经济强国的背后，离不开日本的家文化。

---

① 陈玉婷.“百年维新”带来的强盛——19 世纪中期日本明治维新对中国的启示[J].经营管理者，2011(9).

在这里需要说明的是，日本的家文化与如今的中国家文化有一些差异。究其原因，主要源于日本和中国对“家”及“家长制”的理解有着巨大的差异。

对于日本人来说，日本的家长权并不是终身的，家族权力的继承也并不是绝对要由血亲来继承；在中国被认为是家族的外人的女婿，在日本可以因为才能出众而继承他妻子的家业，管理包括其妻子的一众兄弟在内的整个家族①。

学者李卓研究发现，“日本人对家长品德和才能的注重，超过对作为生物学上的父亲的注重”。当然，正是日本人让贤的家业继承法，使得日本家族生意在经过几代经营者奋斗后，不断做强做大。这或许是日本家族化大企业较多的一个重要因素。

在日本家族中，由于血缘的关系相对较弱，更多的是以经济共同体的面目出现。学者王平撰文指出：“日本的分家只是将家族的分支、甚至是将不重要的‘枝叶’消除，而绝对优先保持家族主体的财产不被削弱。这样，就导致日本更容易通过累世积累而形成大型企业。”

研究发现，在第二次世界大战前的日本人观念中，家产绝对是不可以随意分割的，也不会出现平均分给诸子女的情况，而是尽可能保存主体继承者的绝对势力，更好地延续“家”的概念。

在日本人的意识中，家通常被当作一个“经营集团”来对待。这主要源于日本的“家”是以家业为中心、以家名为象征的家族经济共同体。因此，日本人对家的态度，绝不单纯以婚姻和血缘关系为纽带。延续家的概念，说到底就是延续家业。

王平认为，日本的集体主义与其特殊的家族观念有着很大的关

---

① 王平.宗法宗族思想观念与中国私营企业管理[M].香港：中国评论学术出版社，2003.

联，在这种观念之下，也更加容易形成并非完全依靠血缘关系为纽带的大型“家族”。自然，这种“家族”的“族众”，也就不必完全拘泥于只能接受由血亲来担任“家”的领导者。①

在王平看来，从日本对家族的概念、对天皇的尊崇来看，更多地保留了从汉唐沿袭下来的宗法宗族古制遗风。所谓天下共主，与日本人对天皇的专奉一人是很相近的；所谓日本对忠的强调，与中国民众推崇的忠孝节义、移孝作忠，也是颇有相通之处的，只是程度有所不同。而正是这种“度”的不同，对后来中日两国在家族规范上的“同源不同流”起到了关键的作用。当这种“度”的不同渗入各自的民族性之后，并反映到中日两国的企业管理之中的时候，其差异性就显示出了某种“质”的区别。②

日本和中国对“家”运作规范的巨大差别，是造成中国家族家业的延续性远远不及日本的一个重要原因。

事实证明，经营有方的家族核心人物一定拥有过人之处，尽管如此，其后代也可能不具备经营有方的能力。在中国家族家业继承权中，通常在血缘关系上有明确的排他性，比如对特殊技能、特殊工艺“传子不传女”甚至“传媳不传女”，都对中国家族家业的集聚财富、累世相传设置了难以绕开的羁绊甚至是陷阱。③

这样的问题在日本家族中就不存在，在日本家族中，主要注重家业的传续和接班人的贤能，而不重视血缘的纯正与否。

在日本家族中，养子、女婿一样可能继承家业，前提是才华出众，这似乎与中国两晋隋唐时代士族对“种姓门第”的坚持有某种关系，即取法对“门第”的高度坚持，但是没有在“种姓”也就是血缘纯正问题上泥古不化。加上日本家族在家族财产继承方面向家业的主要继

---

①②③　王平.宗法宗族思想观念与中国私营企业管理[M].香港：中国评论学术出版社，2003.

承者高度倾斜，这就为整个家族家业保持竞争能力提供了必要的条件，是日本形成“百年老店”数万家的一个根源所在[①]。

第二节 情感管理回归与家文化一脉相承

在近几年的媒体报道中，经常会看见欧美企业实施情感管理的新闻。在生硬的制度中，给予人性化的关怀，这才是企业经营最好的管理思想。

在两千多年前的中国，这样的管理思想就得到了实践。在《史记·孙子吴起列传》中记载：“起之为将，与士卒最下者同衣食。卧不设席，行不骑乘，亲裹赢粮，与士卒分劳苦。卒有病疽者，起为吮之。卒母闻而哭之。人曰：‘子，卒也，而将军自吮其疽，何哭为？’母曰：‘非然也。往年吴公吮其父，其父战不旋踵，遂死于敌。吴公今又吮其子，妾不知其死所矣。是以哭之。’”[②]

该文的大意是，作为主将的吴起从不搞特殊待遇，与最下等士兵穿一样的衣服，吃一样的伙食。在睡觉时，吴起不铺垫褥，在行军时，吴起也不骑马乘车，而是亲自背负着捆扎好的粮食，还主动地分担士兵们的劳苦。一旦有士兵生疮化脓，吴起还用嘴把脓液吸出来。当该士兵的母亲听说吴起为子吸脓后，不禁放声大哭起来。有人好奇地问：“你的儿子仅仅是一个默默无闻的士兵，将军却亲自给他吸吮脓液，你为什么不高兴，反而还哭泣呢？”该士兵母亲回答说：“不是这样的，当年吴起将军替孩子他父亲吸吮脓疮后，孩子父亲在战场上奋勇杀敌，结果就战死沙场；而今吴起将军又给我儿子吸吮脓疮，我却

① 王平.宗法宗族思想观念与中国私营企业管理[M].香港：中国评论学术出版社，2003.

② [汉] 司马迁.史记[M].北京：中华书局，2008.

不知道他又会如何战死，所以我才为他哭泣。”

像吴起这样充满人性化管理的大将，将家文化融入军队的管理中，大大地提升了军队的作战能力。在家族企业领域，家文化同样帮助家族企业取得好的业绩。统计数据显示，近年来在全球性的排名中，上榜的欧美家族企业日益增加，而且业绩斐然。

一个值得深思的问题就是，为什么欧美等国家的家族企业能取得如此优异的业绩？罗伯特·科恩德（Robert Cohen）教授认为，欧美家族企业成功的原因很多，很重要的一点就是将家庭关怀特质渗入现代企业管理制度中，这是宝马、奔驰、西门子、拜耳等欧美家族企业百年不衰的一个重要原因，也是其名列世界 500 强企业的一个重要因素。

研究发现，“德国制造”之所以能够成为“百年老店”，是因为其将家庭关怀特质渗入现代企业管理中，从而更好地担负起社会责任。其具体表现见表 2－4。

表 2－4　家庭关怀特质渗入现代企业制度的具体表现

企业特征	具体表现
提供灵活的工作方式	家族企业为了满足不同员工的工作特点和需求，往往愿意给员工提供灵活的工作方式和休假时间。比如在宝马公司，宝马就为员工提供了 300 多种不同的工作方式，完全考虑到了不同员工的工作特点和需求。比如，非全日制工作、调休、远程办公、长期休假，等等
加强员工培训	家族企业有着持续经营的使命感，在这样的背景下家族企业会把加强员工培训作为提升组织效率、降低经营成本的主要方式。很多家族企业很少会解雇员工，除非员工犯了巨大的错误
提供具有竞争力的薪资和工作环境	家族企业为了降低离职率，往往给员工提供在当地具有竞争力的薪资和工作环境。确保在工资、福利、劳动强度和社区环境等方面具有吸引力

续表

企业特征	具体表现
鼓励员工参与经营管理	很多家族企业都鼓励员工参与经营管理，特别是一些公司重大决策都是建立在互信的基础上，家族企业往往都倡导全员参与经营管理。这样做既保证了决策的科学性和有效性，而且还调动了员工的工作积极性和主动性。研究发现，德国是西方国家实行职工参与企业管理制度最好的国家，这也是战后德国经济发展较快的一个主要原因
始终把社会责任放在第一位	很多家族企业一直把企业社会责任和盈利提高到战略的高度，而且始终把企业社会责任放在第一位。在某些特定的情况下，家族企业往往不惜牺牲企业利益来保证员工利益。这样做不仅能保持企业良好的公众形象和口碑，而且还能在与其他跨国公司和本土大型巨头的激烈市场竞争中立于不败之地
把家族企业与员工融为一体，共同发展	家族企业把企业与员工融为一体，共同发展。在为企业创造价值的同时，员工也体现自己的人生价值，实现自己的职业梦想。这样，员工才能够以企业为家，与企业同行，与企业俱进

从表2-4可以看出，家庭关怀特质渗入现代企业管理中是家族企业成功的一个重要因素，对此，福特汽车创始人亨利·福特在接受媒体采访时强调："爱你自己的员工吧，他们会加倍回报企业的。"

1914年1月5日，福特汽车公司董事会通过决议，郑重宣布："本公司将实现5美元日薪！任何合格的福特汽车厂的工人，不论年纪，不分工种都能领到他自己的一份。"同时，公司废除了每天工作9小时的制度，而代之以每天工作8小时的三班倒制度。

亨利·福特的管理经验印证了德国企业百年不衰的原因，同时也给予中国家族企业创始人足够的启示。

第三节　日本企业盛行传统家族文化

家文化特色的管理思想在中国数百年前就非常盛行了。影视剧《大宅门》和《乔家大院》中，都反映出中国家族企业的家文化商业管理就已经把关心员工、关心掌柜作为企业管理的一部分，只不过中国家文化在近代百余年的屈辱中被漠视了。

在日本很多长寿企业中，传统的家族文化依然在发挥着巨大的作用，同时还促进了日本企业人本化管理。在对很多日本家族企业的研究中发现，员工一旦归属于一个团体，就会全身心地投入工作。

究其原因，这主要归功于日本家族企业给员工提供了安全感和归属感。一旦招聘某个员工，日本企业就要为员工提供各种恩惠，员工入保健工会、住公司住房、参加公司职员的共同旅行、职工退休有养老金等。正是人本化管理，提高了日本企业的岗位绩效。

在日本企业中，凭借“仁爱”“贵和”等原则，将修身（注重员工终身培训）、齐家（单子继承制与终身雇佣）和治国（对社会负责）三者紧密串联起来，在内部保持了纵向的和谐与横向的弹性，形成了企业“慈”、员工“忠”的日本长寿企业特点①。

的确，日本企业是非常重视员工利益的，具体体现在，只要企业正常经营，对企业内部所有员工都一视同仁。即使是员工退休以后，企业对衰老的员工也给予照顾，同时还会为这些员工养老。这与欧美国家企业明确的契约制度存在着天壤之别。

住友集团于1750年在家规法中就明确规定，在住友企业中，必须善待员工。即使作为住友的掌柜，也必须尊重和善待员工，绝对不

① 赵萌.日本企业长寿密码[J].世界博览，2013(17).

允许出现不尊重员工的事情。当员工无法胜任某个岗位的工作时，掌柜就必须把该员工调整到可以胜任的岗位上。

在日本企业中，提升员工对企业的忠诚度，方法有如下两个：第一，终身雇佣制和年功序列工资制；第二，尊重员工，注重员工利益。当某个员工不能胜任某个岗位，企业通常是将其调整到可以胜任的岗位上，而不是将该员工辞退。

当员工生病等需要帮助时，员工之间必须给予其相应的关心和照顾。一旦某个员工不照顾生病的员工，这样的行为被视为对企业的不忠诚。研究指出，宗教神道教文化对日本的影响也不可小看。日本人不是忠诚于老板这个人，而是忠于整个公司[①]。

松下公司也同样重视员工利益。

在日本松下公司，作为创始人的松下幸之助，除了注重新技术的引进、消化和自主研发，人才是松下幸之助最看重的。为此他坦言："松下电器公司是制造什么的？松下电器是制造人才的地方，兼而制造电气器具""人才是企业成败的关键，唯有顺其自然，不凭自己的好恶用人，容忍与自己个性不合的人，并尽量发挥其优点，才能造就人才。提拔年轻人时，不可只提升他的职位，还应该给予支持，帮他建立威信""企业即人，成也在人，败也在人"。[②]

在松下公司，松下幸之助非常注重员工的利益。早在1960年，松下幸之助就针对员工利益作出指示，并在经营方针发表会上宣布该项决定："5年以后，松下电器将采用五天工作制，同时

---

① 许锡良.从日本家族企业契约文化，破解日本发展之谜[EB/OL].2017.http://www.xttop.com/sz/21413.html.

② 仲继银.松下幸之助的经营秘学：坚守"自来水哲学"[EB/OL].2017.http://www.iceo.com.cn/renwu2013/2013/0926/271240_2.shtml.

薪水也不能比其他同行少，这将成为公司的基本经营方针。”

1965 年，松下电器执行松下幸之助的决策，开始推行五天工作制。不仅如此，在 1967 年，松下幸之助再次针对员工利益作出指示：“今后 5 年，松下电器要在保持稳定的情况下，在经营和工资上超过欧洲，赶上美国。”

1971 年后，松下电器大幅度提高了员工的工资水平，甚至还与欧洲工资最高的德国持平。1976 年，松下电器的员工工资水平超过了欧洲，缩短了与美国工资水平的差距。

松下幸之助注重员工的工资水平，以至把提高员工工资作为松下电器经营的战略之一。究其原因，这是松下幸之助的经营秘诀所在，同时也是对国家贡献的具体体现。松下幸之助说：“工资提高了，产品质量就会随之提高，日本的社会生活水平也就会相应提高——像公司这样的经济实体正是为这一目的而存在和活动的。”

日本企业正是由于重视了员工利益，员工才以企业为家，为提升企业的竞争力而奋斗不止。正因如此，才造就了数不胜数的百年企业。

第四章 顾客至上

在沃尔玛购物商场，顾客们总会被墙上显眼的顾客服务原则所吸引："第一条，顾客永远是对的。第二条，如果对此有疑义，请参照第一条执行。"

其实，顾客至上，这是从古至今经商的根本。不论什么时代，不论什么领域，如果不尊重顾客，经营就不可能持续。对于长寿企业来说更是将其奉为信条。在日本长寿企业上百年的经营过程中，这一思想已深入骨髓，甚至已成为无意识的习惯。他们每时每刻都在反反复复努力实践着这一真理①。

第一节 顾客至上是家族企业久而不倒的灵魂

事实证明，对于任何一个家族企业而言，能否正常经营、发展壮大，除了家族企业本身拥有雄厚的竞争实力以外，还有一个非常关键的因素就是顾客对家族企业的满意度及美誉度。

在市场竞争日益惨烈的今天，经营环境复杂多变，企业寿命如同

---

① （日）船桥晴雄.日本长寿企业的经营秘籍[M].北京：清华大学出版社，2011.

产品生命周期一样越来越短。然而，许多家族企业却在金融危机后的时代迎来了发展高峰，如拥有400多年历史的日本企业“虎屋”和中国的同仁堂药店、茅台酒业、王老吉药业，等等。

由于这些家族企业真正地把顾客至上作为企业决策，同时保持长远的合作双赢关系，才使得这些家族企业发展至今。

“虎屋”(Toraga)是日本最古老的糖果店之一，创立于室町时代(1336—1537)后期，已有近五百年历史。

不过，虎屋不仅拥有悠久的历史，它的骄傲还源于日本皇宫曾经是自己的客户。据资料显示，从虎屋创办时起，虎屋就已经承揽了宫中御用的差事。在后来的发展中，虎屋迁到位于京都皇宫附近的广桥殿町上，即现在的虎屋京都一条店。

在虎屋，顾客至上的经营指导思想早就根植于虎屋经营者的血液中。在虎屋这家长寿企业中，有一个存在了400多年的店规。这个店规最初是中兴之祖黑川圆仲在日本天正年间(1573—1592)制定的。在日本文化二年，即公元1805年，虎屋第九代掌门人黑川光利以原本作为基础，修改制定了现有的虎屋店规。

虎屋店规中规定如下：

第一条　清晨六时起床，打开店门，洒扫庭除。居家节俭为第一，关于此项若有提议，各人可书面陈述己见。

第二条　御用糕点，切忌不净，各人务必铭记在心。

以上一条于人于己皆有益处。勤洗手，常漱口。无论何时，有无旁人，皆当厉行清洁。

严禁女人参与御用糕点之制作，不得疏忽。

平素亦当保持各人身体之清白。

第三条　宫中自然不必多说，切莫利用送货之便与顾客闲聊，只须恭恭敬敬，事后尽快返店。途中不可办理私事。

第四条　不必说宫中御用，接待任何顾客切不可有不予理睬等无礼之事，须处处用心。亦不可有议论顾客的风言风语。

提出第一条店规主要是由于在当时，所有店员们都吃住在虎屋的店铺里，所以可以同时起床打扫清洁。然而，让读者可能没有想到的是，在第一条定规中，居然还提到如何才能做到节俭的问题，希望虎屋所有店员积极提出各自的建议。

虎屋的第二条店规，主要是针对宫中御用糕点的详细规定。对于任何一个食品企业而言，严格的卫生管理都是必须的。不过，在该店规中让我们觉得有意思的是，无论什么时候，无论有没有他人看到，都必须厉行清洁的这条规定。还有就是不准女人参与的规定，看来制作御用糕点是男人的专利。也许他们和打制刀剑的匠人一样，穿上纯白的衣裳，还在作坊四周拉上稻草绳，不准凡人进入，以示神圣①。

虎屋的第三条店规就规定了店员不准利用外出机会偷懒取巧，或办理私事。当然，一旦不严格进行管理，对店规的执行自然就会松懈。

虎屋的第四条店规，便是详细的关于顾客至上的叙述。

从虎屋的店规可以看出，糕点店通过质量和价格赢得顾客。为了让每位顾客愉快地购买商品，须注意不要对顾客评头论足。这是处世的原则，也是贯彻执行顾客至上原则的理所当然的措施。② 对此，虎屋第 17 代当家人黑川光博社长强调，顾客至上才是虎屋的根本。有了顾客，才会有糕点店，才会有虎屋。

---

①② （日）船桥晴雄.日本长寿企业的经营秘籍[M].北京：清华大学出版社，2011.

在“全球最古老家族企业榜”上，其中一个明显的特点就是上榜企业知名度都非常有限。可以说，在这100家长寿企业中，其知名度都非常低，并不“驰名世界”“全球闻名”。这些最古老家族企业的名气，或在一些国家的范围内，或在一国中，或者在一个国家的有限区域内，甚至就在某个城市乃至更小的范围里。

在这样的背景下，对于家族企业而言，不仅要培养顾客的满意度，而且还必须提升顾客的忠诚度。家族企业在培养顾客满意度和提升忠诚度方面，必须以与顾客的长期合作关系为基础，这就避免了家族企业经营者为了谋取眼前的利益而做出有害顾客的种种行为。

不仅如此，长寿企业更倾向于和顾客培养一种良好互利的关系，特别是面对产品技术、营销、管理、服务日趋同质化的今天，企业要想在激烈的市场竞争中胜出，就必须深刻地认识到，仅仅为顾客提供满意的服务还远远不够，还必须赢得顾客的忠诚。正是有了忠诚的顾客，才有了这些兴旺的企业，最终才造就了长寿的企业家和长寿的企业。这种忠诚应该具有专一性和排他性，使企业能够锁定自己的顾客群，牢固地占有市场份额，稳健地拓展更为广阔的市场[①]。

第二节　把顾客至上落到实处

对于任何一个家族企业而言，从创业的那一天开始，就会面临产品同质化、竞争异常激烈的问题，很多家族企业往往从事餐饮、医药、服装制作等服务行业，本身就要求有很高的服务质量，所以，家族企业能够树立品牌，能在一方土地上扎稳脚跟，这都与顾客至上的战略分不开。

在很多家族企业的创业中，创始人没有多少创业资金，很多创始

① 姚圣娟.长寿企业的奥秘[J].华东经济管理，2008(3).

人只拥有某些手艺，如行医、食品制作等。

在缺乏资金的情况下，服务好每一个顾客的重要性也就毋庸置疑了。为了能赢得顾客的认可，家族企业创始人不得不全身心地追求产品和服务的品质。

不可否认，在家族企业的发展过程中，尽管市场推广非常重要，但是绝对不能忽视产品的质量。因为在家族企业的发展中，优质的客户服务质量、良好的客户服务体系，已经成为市场竞争的又一核心要素。

在现实中，一些企业为了蝇头小利，经常弄虚作假，结果这部分企业渐渐变得无人问津、门可罗雀，最后以倒闭收场。

当然，也有一些企业为了追求规模，一味地追求门店扩张或渠道拓展，最终却因为过快的扩张速度而影响了服务质量，其结果是深陷泥潭，最终昙花一现，难见成果。

在中国商业史上，被誉为“中国第一商贩”的年广久可算得上是响当当的人物，他不仅是安徽“傻子瓜子”的创始人，而且还曾被邓小平同志三次点名表扬。

然而，究竟是什么原因使得这个名噪一时的傻子瓜子公司悄无声息了呢？这要从傻子瓜子公司自身说起。

据媒体报道，出生于1937年的年广久，十几岁就接过父亲的水果摊，并沿袭了父亲“傻子”的绰号。

20世纪70年代末80年代初，年广久投师学艺开创出独具风味的一嗑三开的“傻子瓜子”而名扬江淮。

1982年，旗开得胜的年广久高调宣布“傻子瓜子”将大幅降价，其降价幅度居然达到了26%。年广久的这一奇招使得“傻子瓜子”一炮走红。

在销售策略单一的80年代，年广久再一次掀起了促销风暴。1985 年，年广久策划了一个“傻子瓜子”有奖销售活动，顾客每购买 1 千克“傻子瓜子”，就可以获得奖券一张，凭这张奖券就可以兑现“傻子瓜子”公司的促销奖品。

尽管这样的促销如今每个商家都在使用，但是在 20 世纪 80 年代初的中国大陆地区，这样的产品促销方法还不为人知。当“傻子瓜子”有奖销售活动一开展，顾客纷纷购买“傻子瓜子”以获取奖品。

在有奖销售的第一天，就售出了 13 100 千克“傻子瓜子”，而最多时竟然一天就销售了 225 500 千克的“傻子瓜子”。

然而，面对经销商大批量的进货，“傻子瓜子”公司无法提供充足的货源。于是，年广久就采用了从其他公司大量购买非经自己制造和检验的熟瓜子，再贴上“傻子瓜子”的商标去有奖销售的办法。而这些外购的瓜子中，有很多是陈货劣货或假冒伪劣产品。

很快，很多经销商纷纷要求退货。然而，更让年广久没有想到的是，政府发布公告，禁止所有工商企业搞有奖销售的促销活动。政府的这一禁令使得“傻子瓜子”公司所售出的奖券无法兑现，各地经销商纷纷退货，瓜子大量积压，银行要求归还贷款，再加上公司又打了几场官司，一下子亏损 150 多万元，公司的信誉降到了最低点，年广久不得不吞下自己种下的苦果。

可以说，作为企业家，年广久是幸运的，他三次得到了邓小平同志的肯定。然而，年广久却没有珍惜中央高层的关心，而是用假冒伪劣产品以次充好，欺骗消费者。如果年广久得到邓小平同志的点名表扬后从此能够从抓质量、抓管理入手，进一步寻求发展，那么他的前途仍将是光明的。

对于商家来说，“顾客就是上帝”的道理应该是再熟悉不过的。

随着商业社会的进一步发展和成熟，顾客几乎成为经营成败的关键。

在日本长寿企业中，用户是“上帝”，企业把用户视为“衣食父母”，将用户当作企业存在的根基。因而各企业都把为用户服务、为社会做贡献列入社会方针和社训之中。这种用户第一的策略，也折射到企业内部营销中，确立了“下道工序是客户”的观念①。

同时，日本企业在顾客至上的策略中，实行“总体质技管理方法”，也就是企业质量管理不局限于生产过程，而是涉及产品的设计、试制、生产、销售、消费等各个方面。如松下电器一再告诫员工“达到最好质量，公司才不会破产”，“百分之一的次品对于买者就是百分之百的次品”②。

---

①② 杨秋红，蒋敦.日本企业的营销策略及其对中国企业的启示[J].商场现代化，2011(15).

第五章
目光长远

纵观中外基业长青的家族企业，其背后都离不开家族企业经营者追求稳定的长期发展与业绩的长远眼光。

这就要求家族企业经营者在作出某项战略决策时，既要对家族企业的未来有长远的规划，又必须权衡眼前的利弊。

然而，在非家族企业中，由于大都建立了现代企业制度，当作出某项决策时，公司治理的问题就充分暴露出来。究其原因，股权多元化是现代企业制度的一大特征。企业股东的所有权与经营权通常是两权分离的。

由于企业股东的所有权与经营权相分离，这就直接造成了企业经营者（职业经理人）的短期业绩与企业股东的长期利益相冲突。由于被获得利益的动机所驱使，许多公司的经营者宁愿冒着牺牲股东和公司长期利益的风险去追逐自身的利益最大化，由此在现代公司中出现了代理的风险①。

这样的风险在家族企业中往往是可以规避的。不管是东亚（中日韩）家族企业，还是欧美传统家族企业，通常都会更加注重企业的

---

① 关宏超.上市公司股票期权激励的实证分析——以浙江某高科技上市公司为例[J].经济论坛，2008(20).

长远发展,因而相对稳定。

第一节　追求稳定的长期发展与业绩

研究发现,在2010年《财富》发布的世界500强企业中,但凡成功的家族企业,通常都十分注重追求稳定的长期发展与经营业绩。家族企业经营者这样做的好处就是避免了给家族的财富以及家族对企业的控制权带来诸多的不利风险,甚至在家族企业决策中还能使其避免受到以企业的长期稳健为代价来追逐短期业绩最大化的干扰。

反观许多非家族企业,由于职业经理人为了近期的经营业绩,不惜以牺牲中长期的发展作为代价,从而使得许多非家族企业的经营业绩一败涂地。

在家族企业中,为了更好地将企业经营下去,通常都会建立长期

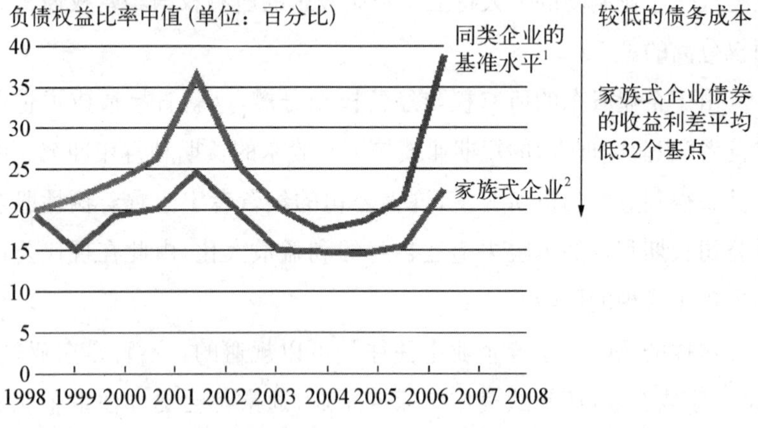

1. 标普500、HDAX和SBF 120当前成分股的全年中值,不包括金融公司和家族式企业。
2. 由美国和西欧149家受家族影响的企业所构成的样本的全年中值,不包括金融公司。
资料来源:麦肯锡的公司业绩分析工具(CPAT)、麦肯锡分析

图2-3　家族式企业和其他同类企业财务杠杆水平和债务成本比较

的发展规划并承担较为适度的风险，在很多时候，家族企业往往将风险控制在可控的范围内，更有利于维护家族企业股东的长远利益。这就使得家族企业的财务杠杆水平和债务成本大大低于其他同类企业，见图 2－3①。

从图 2－3 不难看出，在家族企业的发展中，如果决策注重长远发展，那么就可能使得家族企业错过某些短期业绩最大化的时机，这样做的结果就可能使得家族企业在经济蓬勃发展时不如非家族企业

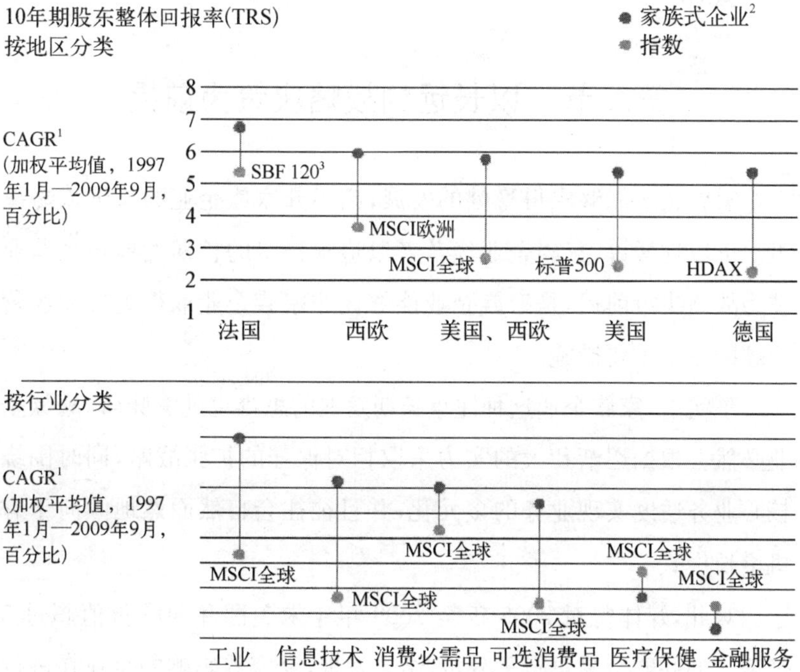

1. 年复合增长率(GAGR)
2. 由美国和西欧154家受家族影响的上市公司(即2007年末家族所持股份大于10%的上市公司)构成的样本。
3. 巴黎证券交易所120指数
资料来源：汤姆森路透社的Datastream、麦肯锡的公司业绩分析工具(CAPT)、麦肯锡分析

图 2－4　家族企业 10 年股东整体回报率

① 《新营销》编辑部.家族式企业经久不衰的五大特征[J].新营销，2010(5).

在某个发展阶段时那样获得更高的赢利，但是这也增加了家族企业在危机时期的生存几率，以及长期获得稳定回报的几率。

数据显示，从1997年至2009年之间，针对美国和西欧上市家族式企业计算的“广基指数”所实现的股东整体回报率，比MSCI全球、标普500以及MSCI欧洲指数要高出2%～3%，见图2-4[①]。

从图2-4可以看出，家族企业股东整体回报率要高于非家族企业，主要归功于家族影响，也就是说家族是家族企业这种优异表现的主要驱动因素。

第二节　以长远的战略决策为前提

家族企业能够取得稳健的发展，离不开家族企业的长远战略决策。可以这样说，家族企业经营者以追求稳定的长期发展与经营业绩为战略决策前提，是家族企业能够比非家族企业取得更好的经营业绩的一个重要措施。

事实上，家族企业这种注重长期发展的思维也就意味着，家族企业必然会根据逐渐壮大的实力采取相对保守的扩张战略，同时围绕核心业务适度实现业务的多元化，并且往往会自然而然地倾向于有机增长模式[②]。

对此，媒体曾对2005年至2009年年末美国和西欧价值超过5亿美元的并购交易进行了分析，结果发现，受家族影响的企业在进行并购交易时往往都十分慎重，与非家族式企业相比，前者进行的并购交易规模较小，但创造的价值更高。平均而言，家族企业的交易规模要比非家族企业小15%，但如果以公布交易后的市值衡量，这些交易

①② 《新营销》编辑部.家族式企业经久不衰的五大特征[J].新营销，2010(5).

所增加的总价值为 10.5%[①]，而非家族式企业仅为 6.3%。

当然，也有媒体发表评论文章指出，家族企业的过度谨慎也会带来某些风险。在家族企业中，家族所有者的财富与家族企业关联度很大，这就决定了家族企业的战略决策必须是以长远发展企业为前提，家族企业避免因过度厌恶风险的倾向而影响到企业的决策就成为家族企业所有者非常关注的问题。

其实，在家族企业的经营中，家族企业经营者非常清楚的是，以长远的战略决策为前提并不等于就是过度厌恶风险。但不可否认的是，在考虑长期利益的同时，无疑会使家族企业丧失一些高赢利的机会，但是却能保持和打造家族企业的竞争优势，以及实现家族财富的长远化。

基于这样的事实，家族企业经营者在制定长期战略时，就必须以稳定的长期发展与经营业绩为前提。由于家族企业拥有独特的所有权结构，家族企业经营者在制定战略规划时，通常会采用重在长远的经营方针，这样就能保证家族企业的持续稳定发展。

而在非家族企业中，或者是传统的上市公司中，往往缺乏家族企业注重长远的战略规划，这主要是由于职业经理人在任期内必须保证所就职企业的短期经营业绩，简单地说，就是要保证企业的财务报表。美国学者布洛赫撰文指出，除此之外，究竟是哪些因素让家族企业与众不同，人们却所知甚少。为了回答这个问题，布洛赫对 149 家营收超过 10 亿美元的上市家族企业做了研究。结果显示，在经济繁荣时期，家族企业赚到的钱不如所有权更为分散的公司多，但到了经济不景气的时候，家族企业的表现就傲视同侪了[②]。

布洛赫得到的结论很简单：比起绩效表现，家族企业更重视适

---

① 《新营销》编辑部.家族式企业经久不衰的五大特征[J].新营销，2010(5).

② （美）布洛赫.以家族企业为榜样让公司自然生长[J].经理人，2013(1).

应能力。它们会未雨绸缪，为了增加萧条时期生存下去的几率，在年景很好的时候它们会放弃额外的收益。家族企业的高管做投资时往往要考虑到10年或20年以后，他们关注的重点是现在能为下一代做些什么。比起发挥自己的长处，他们更倾向于弥补弱点，而这与绝大多数CEO形成了鲜明的对比——后者要尽力做出漂亮的业绩，好留名青史①。

在日本，基业长青的家族企业遍地都是，我们在对日本长寿企业的研究中不难发现，导致日本企业长盛不衰的原因有很多方面。有学者撰文指出，日本长寿企业能够长盛不衰，其中一个非常重要的因素就是注重长期，与欧美企业相比，日本企业不管是在经营，还是在作投资决策时，都非常倾向作长远战略决策，主要体现在注重长远投资和利益回报，任何一次投资都要考虑数十年以后的市场定位和需求变化。

这样的决策可能与日本企业是一个较为典型的家社会，十分重视员工的利益有关。这与欧美国家的企业不同，而欧美企业相对重视企业股东的利益。

不可否认，从现代资本理论的角度来分析，日本企业的资本利率可能低于西方国家的企业，但是由于日本企业可以保持长远利益，而且还能不断地延续下去，这样就使得企业的发展更具可持续性。

在日本家族企业的传承中，生存和发展考验着每一个家族企业接班人。在众多接班人中，佐藤正树(Masa kiSato)就是其中一个，尽管佐藤正树把祖父创立的纺织企业打造成如今全球多个时尚品牌的供应商，但是却经历了一个又一个的曲折过程。

---

① (美)布洛赫.以家族企业为榜样让公司自然生长[J].经理人，2013(1).

然而，可能让读者都无法想象的是，佐藤正树的产品与法国最大的时装公司之一、创办于1932年的莲娜·丽姿(Nina Ricci)搭上了关系。

在莲娜·丽姿2008～2009年的针织品展上，展品就使用了佐藤正树家族企业生产的毛线。在美国第56届总统奥巴马第一个总统任期的就职典礼上，作为美国第一夫人的米歇尔·奥巴马就穿了一件莲娜·丽姿的毛衫[①]。

在这辉煌业绩的背后，正是佐藤正树的努力奋斗。在20年前，当佐藤正树掌管家族企业时，日本纺织品行业正因受到来自中国的廉价进口纺织品冲击而陷入衰退。为了提升销售业绩，佐藤正树与妻子甚至还在大街上通过摆摊来销售存货。

然而，逆转的机会却在佐藤正树到意大利访问一家供应商时出现了。佐藤正树介绍说："当时我震惊了。那家意大利企业改装了机器，他们能生产出我以为我们绝不可能制造出来的毛线。"

不仅如此，让佐藤正树震惊的是，在意大利，连领班都穿着开领粉色衬衫和红裤子，戴着太阳镜，嘴上还谈论着时尚。佐藤正树说："我们按照客户的要求生产商品。但那位浅金色头发的意大利男士却说，他创造了时尚。就在那时，我意识到，他们生产的是他们认为世界需要的东西。"

佐藤正树回到日本以后，要求员工生产像意大利供应商那样的毛线，然而，让佐藤正树没有想到的是，他的决定却遭遇了来自员工的强大阻力。佐藤正树说："员工说做不出我要的那种毛线，理由层出不穷。"

然而某一天，领班给佐藤正树看了一种跟以往截然不同的

① (日)中本美智代.日本家族企业打破传统[N].英国金融时报，2013-03-25.

毛线。“我意识到，我能做到，从那以后，这个曾说自己做不出任何新东西的人什么都能做出来了。”佐藤正树补充说，“在失败的企业中，员工往往总是说，他们这个做不到，那个做不到。在成功的企业中，大家总是想方设法实现自己的想法。重要的是，让经理人拥有实现想法的方法。”

在佐藤正树看来，由于日本家族企业很多是中小型制造商，它们必须摆脱分包商心态，拿出自己独一无二的产品。佐藤正树说：“跟在大企业屁股后面做生意是下下策。这些企业应该做出自己的东西。”①

佐藤正树的经验印证了家族企业的发展轨迹，当然，这样的观点也值得家族企业继承人参考和借鉴。

毋庸置疑，企业要持续经营，就必须靠长远投资和利益回报才能实现。而今的日本企业依然坚持企业持续、长久的经营理念，具体的经营管理方式有如下三个重要特征，见表2-5。

表2-5 日本企业经营管理方式的三个重要特征

经营管理方式	内 容
集体决策	日本企业的决策通常是由禀议、会议等作出，这种集体决策方式相对较为科学合理，从而有利于企业的长远发展
重视员工和集体利益	日本企业重视员工和集体利益往往要超过股东利益，可以说对员工的保障雇佣非常重视。例如，“终身雇佣制”和“年功序列制”都是日本企业较为典型的经营特点
坚持企业持续、长久的经营理念	日本企业受武士道文化的影响，强调“奉公”意识，通常不愿意像欧美企业那样卖掉企业，就算企业老板不打算经营下去，而员工也希望能够一直经营下去

① （日）中本美智代.日本家族企业打破传统[N].英国金融时报，2013-03-25.

第三节　注重长远与不追求眼前利益

日本长寿企业的巨网在京都、东京、大阪等地几乎是无处不在，这些长寿企业往往在经营中都不图眼前效益，而更多是注重长远利益，这便是日本长寿企业生存和发展的一大关键和秘诀。

事实上，在日本长寿企业中，不仅拥有稳定的代际传承和人事制度，而且依然沿袭创业者当初的经营思想，这样就使日本企业具备了超稳定结构，在这种超稳定结构下又形成了日本长寿企业特有的以严格的家训、家宪、家规为基础的企业文化。类似“番头制、莫谈国事、不得从事娱乐业”（锅屋企业）、“不可乘一时之机为急功近利而铤而走险”（住友集团）、“经商如牛垂涎细长，如牛行路步步扎实”（奈良县食品企业），“不可盲目、不切实际多样化经营”（金刚组）等注重长远、不追求眼前利益的经营思想，早已成为日本多数家族企业的经营指南。

位于日本奈良市飞鸟路的三光丸本店，已拥有600多年的历史了。据说其发祥于日本镰仓时代（1185—1333）末期，在后醍醐天皇时代的元应年间（1319—1321年），“紫微垣丸”（三光丸的前身）就已经面世。后来，后醍醐天皇下旨将“紫微垣丸”改名为“三光丸”。

在日本江户时代印刷的广告里就有记载：“后醍醐天皇御驾吉野行宫，越智伊豫太守献药，言药之秘方乃日神、月神、星神三神赐予。故上御赐名为三光。”而三光丸把图案化的日月星作为商标也就在情理之中了。

而给日本后醍醐天皇献药的越智伊豫太守的越智一族，是奈良县高市郡、御所市一带的地方豪族，在日本战国时代被筒井顺庆所灭。只有从本家分出的米田氏幸存下来，继承了三光丸的制法，其子孙就是三光丸本店现任社长米田德七郎。[①]

公开资料显示，三光丸的成分分别是水黄连、甘草、黄檗、桂皮和木炭。然而，让很多日本人没有想到的是，尽管三光丸的配方如此简单，但是其至今仍然在肠胃药中榜上有名，销售量甚至还名列前茅。

不可否认，三光丸在如今依然能保持良好的销售量，除了药丸的配方，还要归功于其独特的销售方式，在三光丸的推广中也发挥了巨大的作用。

在日本明治三十二年，即公元1899年，“三光丸同盟会”成立，该同盟会把生产商和销售商打造成了一个利益共同体，这就大大地提升了三光丸的销售业绩。

三光丸最初的销售，主要靠“走乡药郎”，而三光丸当时的掌门人米田丈助就是其中的一个走乡药郎。每当农闲季节，米田丈助就从近郊农村雇用一些农民来销售三光丸。由此，三光丸的行商销售就扩展到播磨、摄津、和泉、山城、近江、美浓、尾张、伊势、伊贺等地方。到日本江户后期文政年间(1818—1830)，逐渐形成了一个大范围的商业圈。

随着三光丸事业的一步一步扩大，同行之间不合理竞争就开始了。为了维护大和地方(奈良)药商，同时又要维持自己的信誉，在这样的背景下，以米田丈助为中心，在日本安政六年(1860)，制定了一个避免同行不合理竞争的规章制度——《国中同行协议书》，禁止不公平买卖，严正分量，禁止非同行者收集药种，禁止对他药的诽谤，禁止互相压价，

① (日)船桥晴雄.日本长寿企业的经营秘籍[M].北京：清华大学出版社，2011.

等等。

然而，《国中同行协议书》只能规范日本大和地方的同行，对其他地区的药商并没有任何约束力。在当时，走乡药郎主要是日本大和与越中富山两大势力。在这两大势力之间频频发生行商地域的冲突，争抢客户，互相压价。

为了解决两大势力的恶性竞争，以米田丈助为中心的大和药商和越中药商总代表从中协调，为了调整商业市场秩序，在日本庆应二年(1866)，双方签订了《同行取缔协议书》。协议书共制定了15条规定。大和药商77人，越中富山总代表3人，加贺滑川总代表2人共同签署了《同行取缔协议书》。

在协议书中，第一条是规定药价。条文规定："从事和药的药商，本应根据先师或先祖的祖传秘方来制定药价，但基于现今物价高涨，所以药价也不得不上涨三成。"

在第二条以后，协议书规定了药行的公平交易法，以及相互扶持、相互监督等内容。其他一些协议条文如表2-6所示。

表2-6　《同行取缔协议书》中关于公平交易的条文内容

序号	内　容
1	严禁销售违章药种及毒药
2	严禁销售商标混淆不清的药品
3	药为救死扶伤之物，须用心调配
4	严禁相互压价和诽谤。如有发现者可拿出确凿证据并向行会汇报
5	严禁诋毁他人药品以抬高自己的药品
6	严禁为放入自己的药袋而随意撤去他人的药袋

上述几条规定主要针对的是公平交易。除此之外，协议书中还有规定走乡药郎行商销售的条文，见表2-7。

表 2-7 《同行取缔协议书》中关于走乡药郎行商销售的内容

序号	内　容
1	在外地遇到沉湎于酒色赌博且不听规劝者,可缴纳其账本和商品,遣送回本地
2	在外地遇到同行药郎生病或死亡,须尽心照顾并尽快打理
3	在规定旅社住宿时,原则上合用一个房间

协议书最后还规定了一年举行一次行业总会,会费按人头平摊,即使缺席,会费照收不误。如果违反协议,取缔管理所需费用由违反者本人承担,等等。①

在规范了药行之间的恶性竞争之后,三光丸的销售得到了稳步增长。然而,在日本明治时期以后,三光丸就进入了一个低迷发展期。明治政府推行的欧化主义泛滥到各个领域,甚至明治政府还把传统的和药视为"无效无益"的药品。

然而,在明治三十二年(1899),一个能让三光丸走出低迷期的转机出现了——"三光丸同盟会"设立。

资料显示,以米田虎义为中心成立了"三光丸同盟会",这个同盟会是建立在迄今为止的行业行规基础之上的。不过,以米田虎义为中心又制定了一个完全不同于以往行规的协议。该协议有如下几点:

第一,确立特许经营制度。规定各个行商人的行商地区,以避免顾客的重复。这一规定消除了行商销售的不守规则竞争,使个人商标得到保护,利益得到保证②。

第二,对于行业内不正当行为要互相监督,违者除名。一旦被除名就得不到三光丸的供货,事实上也就是被赶出了这一行业。这一严格规定提高了行商人的素质,得到了众人的信任。

①② (日)船桥晴雄.日本长寿企业的经营秘籍[M].北京:清华大学出版社,2011.

第三，现金交易，禁止退货。行商人根据自己的判断从制药商家购入需要量的三光丸，并及时支付货款。也就是说，进货量和资金周转都需要自己承担责任[①]。

现任社长米田德七郎说："这个协定今天看来好像是理所当然的事，但在当时那个时代应该是革新的创举了。例如从现金交易这一点来说，在过去，买卖双方一般都是分年中和年底两次结账。甚至有的是，买家什么时候有钱什么时候付，卖家也不会有催款的情况。这种散漫的商业习惯曾经占主流。

"那么在三光丸，如果买家用现金支付货款，就可以得到相当于60天利息的优惠。60天利息按日息4钱（年利14.6%）计算，也就是240钱。相反，买家如果拖延付款，就要多付给卖家240钱。

"在那个年代能制定出这样的制度，应该说是非常严格的。遵守了这个制度，才会对利率有所认识，才能真正体会从商的艰难。各人仔细权衡各种利弊，按需进货。也只有这样，才算是一个合格的行商人。"

在米田德七郎社长看来，没有利率意识，无疑也不会有风险意识了。不过，米田德七郎说："从信誉来说，虎义要求大家在外住宿时不要住小客栈，尽量选择大旅社，以保持作为一个商人的品位，而品位又与自己的信誉相连。另外，在制定同盟会协议的时候，还规定对入会会员的审核必须严格。"

船桥晴雄在研究了三光丸本店这个案例后说："我想，不论在什么时代，经商的根本都是不变的，如合理的利润、正直正道、诚信、自我责任。同盟会之所以能持续百年之久，无疑是因为它建立在这些

① （日）船桥晴雄．日本长寿企业的经营秘籍[M]．北京：清华大学出版社，2011．

根本之上。”

的确正如米田德七郎所言：“百年前制定的这一协议直到今天也没有多少改动，可以想象虎义这个人是很不简单的。不过，就这样永远持续下去恐怕也不行。我想至今为止的一百年正好告一段落。现在我们要大变，寻找并制定在今后的一百年中能持续下去的模式。我们的目标是古老而崭新的公司。”

的确，细水长流，连绵不绝，不追求眼前利益的经营理念，使日本的家族企业能够历经战争和金融危机存活了下来。然而，这样的思想使得日本许多长寿企业很少跨界经营，借用杰克·韦尔奇的话说，就是“争取做到本领域的第一、第二，然后再说其他”。拥有 1 400 多年历史的金刚组，除了短暂涉足过现代民用建筑行业之外，一直坚持用传统技法修建日式寺庙、园林。即便是住友这样的巨型家族企业，也主要通过技术进步逐渐完成转型和业务拓展。从最初的铜矿开采，到铸币、货币兑换，到金融行业，再到各种大型挖掘设备的研发生产，再到精炼行业，住友的每一次升级并不依赖所谓的“眼光独到”或跟风而动，而是围绕自己的核心业务逐步拓展企业的经营范围[①]。

① 嵇康.日本长寿企业的长寿密码[J].财经国家周刊，2012(8).

第三部分

家族企业为何“富不过三代”

在中国特有的国情和文化中，家族企业如何才能在传承过程中规避可能遇到的风险与危机，顺利完成权力过渡，解决企业传承过程中存在的随意性、不确定性、变数太大等问题，使企业能够在保持良好经营态势的情况下延续下去？尤其是面对日趋复杂多变的外部市场环境和竞争要求，如何构建一个利于财富传承的家族企业管理体系，最终实现中国家族企业的内部转型与升级？这是摆在一代创始人和二代继承者面前的大课题。

——中国新闻网

第一章 企业章程流于形式

对于任何家族企业而言，在家族企业设立、运作、发展、壮大的过程中，企业章程的作用非同小可。然而遗憾的是，国内很多家族企业制定企业章程仅仅是为了应付工商企业注册而进行的“套用”，没有有效结合本家族企业的特点、人员构成、行政架构、经营模式等实际情况，往往是原则性条文较多，而具备可操作性的条文较少。例如：重大事项由股东代表大会决定。何谓重大事件？监事(会)如何监管？经营班子的具体授权是什么？企业章程均未做出较详尽的规定。加之企业的管理制度不健全，故实际运行中仍然是无章可循，致使企业章程没有发挥应有的作用[①]。

这样的背景下，在很多家族企业中，不管是企业章程，还是家族企业的制度往往流于形式，形同虚设。

第一节 企业章程只为应付工商企业注册

笔者在给一些家族企业做内训时发现，一些家族企业的企业章

① 吴广泽，戈亚萍.小企业改制中存在的问题[J].中国经贸导刊，2004(23).

程并无大用，在企业中，不管是人事任免，还是开董事会，都是该家族企业的经营者说了算。而在注册公司时，拟定的公司章程只不过是为了应付当时企业注册而已。

难道家族企业创始人，或者家族企业经营者不知道企业章程的重要性吗？

答案是肯定的。究其原因，是由于中国家族企业在初创时期，很多都是由个体户和小规模企业开始做起的，家族企业的经营项目和战略方向完全依赖家族企业创始人的经验与胆识，在选择投资项目或者作出战略决策时，压根就不需要做任何可行性报告或精确的数据论证，也不需要过多的民主决策，只需要家族企业创始人敢想敢干的勇气而已。在20世纪80年代到如今30多年的时间里，这样的经营方式一直在延续。

然而，一旦当家族企业的规模达到一定水平之后，治理模式就不能像初创时期一样，必须改变。不仅需要逐步摒弃过去家族企业家长式的决策方式，在人事任免等方面必须遵照企业章程来行事，特别是在作出投资决策时，必须采用精确评估报告和系统财务核算等量化手段来进行。如果家族企业创始人继续采用原有的独断决策方式，极有可能给家族企业带来巨大的经营危机。

为中国经济做出重要贡献的中小企业，其数量非常庞大。根据国家工商总局统计数据显示，截至2010年6月底，全国工商登记注册企业数为1 089.8万户，其中中小企业达1 078.9万户。然而，值得我们关注的是，这些中小企业的平均寿命仅为2.9年。

是什么原因导致了数量庞大的中小企业在短短3年之内踏上死亡之路呢？其实，大部分中小企业不是死于企业的赢利模式，不是产品没有适销对路，也不是产品不具备成本竞争力，而是死于领导者的心浮气躁，决策随意，具体表现在作出重大决策时，往往是领导者拍脑袋决定，没有经过深思熟虑和科学决策。巨人集团就是一个典型的例子。

谈到巨人集团，读者一定能想起巨人大厦。谈到巨人大厦，很多读者会不约而同地认为，珠海巨人集团的危机，就是在于巨人大厦层层的加码上。

引发巨人集团危机的原因表面上看起来与巨人大厦层层加码有着重大关系。巨人大厦从最初设计的18层，到38层，再到后来的54层、64层，直到最后的70层，最后因为资金链断裂，从而造成整个巨人集团陷入重重危机。

为什么会发生这样的事情呢？

其实，巨人集团背后隐藏着一个更加深层次的企业管控制度问题。因为在巨人大厦从18层加到70层的决策过程中，高层领导者的强势起了关键作用。

不可否认的是，就是从18层加到70层这一系列头脑发热的过程，改写了巨人集团的企业历史。

当然，在巨人大厦楼层的加高过程中，就曾多次遭到多名企业高层的质疑，而且他们还向史玉柱提出过反面意见。然而在此之前，由于巨人集团从未形成过尊重“异议人士”观点、民主协商、集思广益的企业管控制度，在巨人大厦楼层加高的时候，当不同意见特别是反对意见提出来之后，自然不会引起巨人集团高层的重视。

这主要源于巨人集团的执行文化——董事长或者总经理的决策都必须严格执行。在这样的执行文化下，不同意见，特别是反对意见也就不可能改变增加大厦楼层的决策。当巨人大厦的楼层一层一层地往上加，直到增加到70层时，最后一根稻草最终压垮了巨人集团这只骆驼。

当巨人集团遭遇重大危机后，史玉柱接受《南方周末》记者的采访时曾这样说："现在想起来，制约我决策的机制是不存在的。这种高度集中的决策机制，尤其集中到一两个人身上，在创业初期充分体现了决策的高效率，但当巨人规模越来越大、个人的综合素质还不全面时，缺乏一种集体决策的机制，特别是干预一个人的错误决策乏力，那么，企业的运行就相当危险。"

究竟是什么的原因驱使巨人大厦从最初设计的 18 层加到最后 70 层的呢？

史玉柱在接受媒体采访时坦言："从 64 层加到 70 层，是我一个人一夜之间做出的决定，我只打了个电话给香港的设计所，问加高会不会对大厦基础有影响，对方说影响不大，我就拍板了。"

其实，企业"拍脑袋决策"的事情每天都在发生，只不过是没有被媒体和研究者揭露而已。反观上述案例，一个夜晚、一个电话、一个公司老总，就这样随意地产生了一个关系到企业生死存亡的重大决策。当然，正是吸取了这样的教训，才促使史玉柱的东山再起。

为了让投资决策更加理性化，在企业项目投资时，史玉柱把企业"国王"的位置一分为三：① 所有者；② 经营者；③ 决策者。

这就是说，作为巨人创始人的史玉柱在投资项目时，必须经过领导层讨论通过之后方能生效。在上海健特，总裁是原来珠海巨人集团的常务副总裁，其他四位副总裁也都是原珠海巨人集团的副总裁，公司高级管理者有 2/3 是原珠海巨人集团的。而史玉柱担任的只是决策顾问。尽管员工们私底下还叫他"老板"，然而，作为"决策顾问"的他却并未享受老板的绝对权威。在新公司体系内部，设立了由七人组成的决策委员会，投票决定提名的项目。决策委员激烈争论，最后由办公会议决定。

第二节 清洁工就能让财务总监下课

在与很多家族企业经营者接触的过程中，笔者发现有的老板非常赶时髦，跟他们交谈时，总是能说起最热最流行的管理词汇，甚至还在各种大会小会上提及。

然而，遗憾的是，这类老板尽管满嘴管理学词汇，其实他们的企业章程流于形式，下面我们从一个真实的案例谈起。

中山大学教授曾伟一直从事中小企业的研究。在研究中，曾伟发现一个问题——一个清洁工就能让财务总监下课。

可能读者会问，为什么身为管理层的财务总监却被一个清洁工扫地出门了呢？曾伟教授是这样解释的：“在企业里一般是存在着对内和对外两个规则，对中小企业而言一般不依靠层级进行管理，更具体地表现在对内的忠诚度管理上。因此我们可以看到：谁对老板忠诚，谁就有可能在老板的办公室里纵谈企业的人事变革。这就是潜规则的力量。”①

其实，上述这个案例中的问题并非个案。在很多中国企业中，企业章程流于形式的问题举不胜举。

在实际的管理中，如果家族企业经营者仅仅是为了脸面、为了权威、为了一己私利、为了自己的心理平衡，这样的管理模式是难以把家族企业做强做大的。因此，企业要改变潜规则，核心就是改变老板的习惯和观念。一个合乎企业长远发展的管理规则不是一个单方面约束的规则，更多的是一个契约化的管理细则②。

然而，在中国转型时期，很多民营企业老板和高级职业经理人由

①② 刘岷.如何消灭企业潜规则[J].中国新时代，2005(7).

于自身素质局限和缺乏领导能力，常常实施独断式的管理，使得公司所有员工都必须听从自己的调遣，公司的一切运作都要按照自己的主观意志进行，而管理制度和规则在此刻都不存在，就连公司已经明确制定的制度规章也被家族企业经营者们所否定。

这样就会使得公司内的全体员工凡是不直接关系到他自己切身利益的事情，无论谁是谁非，一律不去过问，以免惹祸上身。因此，一个家族企业经营者，特别是那些董事长和总经理，就算是当今世界的盖世英才，但只要他的公司没有明确的游戏规则，一切事情都要由他一个人来决定，那么，人们在这个企业中看到的仍然是封建王朝式的臣子争宠、嫔妃争斗的种种丑态，最后，企业还是会像封建王朝一样走向衰亡。

2005年10月，我和几位同事被深圳一家民营企业——Q科技有限公司邀请去做咨询，当我们进驻Q科技有限公司三天后，我们团队就发现该公司存在着重大问题。

在Q科技有限公司，所有重大决策，也包括公司日常工作安排都是由老板(董事长兼总经理)和副总经理在总经理办公室内做出的。

因此，尽管Q科技有限公司的决策和日常的工作安排看似很完美，但是部门经理往往难解其意，很难将决策和日常安排彻底地贯彻执行下去。

于是，我们团队向Q科技有限公司老板建议，要求公司每周召开一次公司例会。

召开例会的主要目的是，老板将制定的所有工作主张和计划在例会上公开与各部门经理沟通，让部门经理理解工作主张和计划的战略意图，再让部门经理去执行，从而更好地提高工作主张和计划的执行效率。当我们团队讲明了该例会的好处，老板才勉强同意了。

让我们感到吃惊的是，周例会才开了五次就被老板给取消了，也没有给部门经理做出任何解释。

根据我们后来的走访发现，取消例会的原因就是老板认为，公司所有的决策都要在例会上与部门经理讨论太过于繁琐。甚至在作出很多决策时，他自己也拿不出更加充分有力的依据来支持该决策。因此他也就很难解释各部门经理对决策的质疑。于是老板决定取消例会，所有决策还是按照自己的思路做出决定，安排下去让下属先执行再说。

在上述案例中，Q科技有限公司老板总是偏好在其公司内部采用一种灰色、非理性的游戏规则来管理企业，作出关乎公司生存和发展的重大决策。

因为他心里非常清楚，如果把决策拿到例会上来公开讨论，特别是面对各部门经理的种种质疑，就会挑战自己作为老板的绝对权威，所以就取消了例会，回到了暗箱操作的过去，这样老板的权威又开始显现出来。

Q科技有限公司只是中国民营企业中的一个代表。在中国很大一部分民营企业中，特别是中小民营企业中，这种潜规则往往主导着企业的决策和管理，家族企业经营者也通常缺乏一种最基本的是非黑白的判断标准。

比如在S家族企业，该企业员工有300多人，为了更好地进行制度化管理，该企业规定，迟到、旷工要扣一天工资的两倍及当月奖金。然而该家族企业经营者(总裁兼总经理)助理却旷工一天，如果按制度规定，他应受到处罚。

当人力资源总监把处罚报告给老板时，老板却说：“算了吧，他是我的助理，而且也跟我打拼多年了。处罚了他，我的面子也挂不住啊。”

又如在P公司，大学机械专业毕业的某员工，技术能力非常强，提出了与上司意见不同的技术方案。由于该技术方案更加科学合理，深得生产线员工的欢迎。然而这让上司很难堪，觉得面子全无，而后找了一个理由将其辞退了。员工将情况反映给老板，但老板却支持其上司的辞退决定。

由于此类事情在很多企业都发生过，而且还非常频繁，很多员工也开始见怪不怪，久而久之也就习以为常了。

在中国诸多企业中都存在着一种隐形的文化规则，这种规则既不是国家法律，也不是公司制度，但是却比国家法律和公司制度更具致命性。

第三节 沟通机制及渠道的匮乏

家族企业章程流于形式，与家族企业沟通机制及渠道的匮乏也有关。在很多家族企业中，正式的沟通机制及渠道相当匮乏，这就造成了家族企业创始人大权在握，唯我独尊，在作决策时，全凭自己的经验和判断，以至于企业章程流于形式。

研究发现，在中国，半数以上的家族企业都从来就没有过正式的会议制度，没有月报会、周例会、专题会等能监督家族企业经营者的沟通机制及渠道。

可能有读者会问，既然家族企业没有沟通机制及渠道，那么这些家族企业创始人如何能抓住商业机会呢？这就靠家族企业创始人敏锐的洞察力和果敢的决策风格。

在一些家族企业中，可以说90%以上的战略决策都是家族企业经营者在私下作出的。客观地说，在创业阶段，这种决策方法是非常高效的，而且决策得到执行的效率也是非常高的。但是当企业达到一定规模后，家族企业创始人如果还采用创业初期的决策方法显然已经不再适用。

比如，家族企业各个部门的意见、问题由于缺乏正式向上传递的沟通机制和渠道，势必使很多能给家族企业带来发展的建议被遗弃，甚至还会大大地挫伤非家族员工的工作激情以及主动性。而一些家族成员可能向老板传递“悄悄话”，甚至凭借“小报告”来打击一些与自己立场不同的非家族成员。

而在制度化、规范化的企业中，各种制度制定得相当完善，而且所有问题都可以通过清楚明确的制度条款来解决，这就使得企业管理更加透明化，决策也相对民主化。

当然，要完全改造家族企业的管理模式，需要一段较长的时间。在中国大部分家族企业中，几乎所有的资源都由一个人或少数几个人掌握着，由于没有完善的制度，而在创业初期又实行人治化管理，即人治高于法治，这就使得很多能力较强的员工，也包括家族成员可能因为无法实现自己的价值而离开；而一些获得家族企业创始人信任和器重的人往往不是能力不足就是过于服从，这在一定程度上阻碍了家族企业突破成长瓶颈。

由于家族企业创始人的绝对权威，在这种背景下，员工的能力给家族企业带来的业绩大小不是评价标准，最后的决定往往取决于家族企业经营者的好恶和偏向，而个人好恶和偏向在管理中又是最不稳定、最容易变化、最没有理性的因素。

此刻，员工们往往不是考虑如何提升企业的业绩，而是想着如何才能赢得老板的认可和信任，以便能让自己的建议得到老板的支持。久而久之，家族企业中的员工就不再关心企业的发展，而是一心想赢得老板的支持，甚至为了让老板的决策通过，违心地批评某些反对者。

在这样的企业文化中，即使家族企业创始人是一个“明君”，企业同样会出现溜须拍马、小人得势、君子失意的情况，毕竟明君再“明”，也不可能事事洞察，而只要是“人治”，终究还是会形成不良的企业文化。

第四节　规范化、制度化才能避免企业章程流于形式

家族企业创始人偏爱小圈子，使企业章程流于形式，可能源于中国人对古代皇权绝对权威的崇拜，甚至是在公司管理中借鉴皇帝的平衡术。比如，在武周时期，武则天就利用各派的力量互相牵制，互相制衡，使得皇帝掌控全局。

在很多家族企业中，创始人也同样会利用各方的力量互相牵制。在一些家族企业中，除了规范的组织结构，还有一个围绕着家族企业创始人即最高决策者的“小圈子”。

在实际的管理中，这些“小圈子”发挥着非常重要的作用。在一些家族企业中，“小圈子”里的成员职务可能不太高，他们可能是家族企业经营者的司机、贴身秘书或者出纳，但是这些人往往是家族企业创始人的亲戚。这些人文化素质可能不高，但是家族企业经营者非常信任他们。他们的功能主要有两个：

第一，监视员工，当然也包括监视职业经理人的一举一动。第二，当然是做本职工作。因此，家族企业经营者在作出决策时，会事先告诉这些自己人，甚至会征求这些人的意见。

事实证明，在很多家族企业中，“小圈子”里的这些人始终以各种各样的形式直接影响着老板的决策，“小圈子”内部人员的一次沟通甚至比公司一次正式会议上形成的决议更有作用。

在一些家族企业中，有的职业经理人刚加入时信心满满，要改变家族企业的不规范情况。然而让他们真正困惑的是，“小圈子”成了

改变家族企业不规范状况的最大障碍。因为职业经理人逐渐发现，自己花了很多时间写出的一些正式工作报告和工作计划，往往就是因为得不到“小圈子”中某一个人的赞同而功亏一篑，“小圈子”里的人在酒桌上形成的意见比职业经理人花了大量时间精力写出的有精确数据支持的工作报告更有用。

而在一些家族企业中，让职业经理人非常吃惊的是，出纳往往比自己更早知道老板作出的很多重大战略决策。

在家族企业社会化的过程中，当企业达到一定规模后，家族企业经营者会主动聘请职业经理人。其实老板也知道，要想将企业做强做大，就不能再仅仅靠自己的那些能力低下的亲戚来管理家族企业了，只能从家族外聘请一个或几个职业经理人来提升家族企业的管理水平，但是同时又要保留那些亲戚朋友的职务。家族企业经营者这样做的目的，就是既兼顾家族企业各方的利益，又尽可能提升企业的竞争优势。

职业经理们加盟家族企业后却发现，在推动制度化、规范化管理的进程中，家族企业经营者的亲戚竟然是最大的阻力，而制度化、规范化管理对于老板的亲戚竟然根本就不管用。更可怕的是，职业经理们在改造家族企业时，表示反对的往往都是老板的亲戚，这些人会想方设法地阻碍职业经理人开展正常的工作。

在这样的情况下，职业经理人很难按照理性思路和规范运作方法着手家族企业的社会化改革。然而，让职业经理人想不明白的是，当初强调制度化、规范化管理的家族企业经营者此刻却不表态，想把这些亲戚清除出家族企业是根本不可能的事情。职业经理们只好把60%以上的精力用来对付家族企业经营者的这些亲戚上；如果不这么做，那么就连40%的精力也无法运用于实际工作中，否则职业经理们就会被传统势力逐出公司。

那么作为家族企业经营者，如何才能避免企业章程流于形式呢？

方法有如下三个：

（1）以身作则，坚持维护公司规章。如果家族企业经营者公然违反相关制度，部门经理和一线员工就可能对领导者不遵守公司制度的行为进行仿效，或者放弃对自我行为的内在管控。在部门经理和一线员工看来，制度是给公司所有人制定的，既然制度的制定者尚且不遵守，自己又有什么必要遵守呢？

（2）包括对家族企业经营者在内的公司所有人一视同仁。在很多公司中可以看到，企业大部分员工因为违反了公司制度而遭到了处罚，但是家族企业经营者不遵守公司制度则可以免于处罚，让所有员工觉得不公平。在这种情况下，企业老板及公司制度在员工中的权威会急剧下降。

（3）绝对不能将常规性问题非常规化。在公司制度完善的情况下，家族企业经营者却企图绕过公司规则体系去处理一些问题。其实，这些问题本可以采用公司现有规则体系来解决，但是家族企业经营者将常规性问题非常规化，这样的做法实际上就是在行使特权，家族企业经营者人为地将自己与特权联系起来。

第二章
家长制作风严重，法人治理结构缺失

在很多家族企业中，由于没有建立起法人治理结构，家长制作风非常严重，企业老板刚愎自用、独断专行的事情时有发生。

一些研究者坦言，在中国家族企业中，厂房、设备、技术和营销模式不是最滞后和落伍的，而家族企业经营者的管理思维才是影响家族企业发展的最大障碍。事实上，家族企业经营者的学历高低、出生背景、个人阅历、处事方法、管理作风都会影响家族企业的生存和发展。

事实证明，在中国家族企业中，很多企业经营者有着时髦的管理思想和超前的经营观念，但是管理手段中更多的是那种绿林豪杰的江湖模式，而缺少像长江实业集团创始人兼董事局主席李嘉诚、华人世界船王包玉刚、方太创始人茅理翔、新希望创始人刘永好等家族创始人身上的那种理性的、严谨的、有条理和逻辑取向的管理思维。

第一节　强势的帝王管理模式只适合于初创企业

研究发现，中国众多中小家族企业创始人，由于没有建立起法人治理结构，家长制作风严重，其管理无疑非常强势，甚至有些专制和独裁。

毫不客气地说，有点刚愎自用的家族企业创始人为数不少。不可否认的是，在不稳定的经营环境中，或者在家族企业创建初始阶段，家族企业创始人这种强势管理，甚至是专制独裁、刚愎自用的领导风格在一定程度上发挥了作用。因为第一代创业者要想把家族企业做强做大，由于缺乏资本、人才等资源，强势就显得非常重要，这也是把家族企业做到一定规模的资本。强势的领导风格不仅可以大大地降低家族企业内部的管理成本，而且还可以为家族企业提供一个大刀阔斧决策的经营环境，从而有效地促进了家族企业的快速发展。

当然，任何事情都有两面性，就像硬币的两面一样。家族企业一旦发展到了一定的规模，特别是进入成长、成熟期之后，就要求家族企业创始人按照完善的法人治理结构——现代企业制度来进行管理。家族企业管理层就必须重用具备现代管理能力的人才，特别是在家族企业的战略规划和目标管理方面，更是如此。

不少中小家族企业在创建初始阶段都依赖于家族企业创始人的决策和能力，而这些家族企业创始人在决策时往往带有非常浓厚的个人英雄主义色彩。在整个家族企业的生存和发展过程中，这些家族企业创始人都过于强调个人的作用。

众所周知，当家族企业达到一定规模后，特别是进入成长、成熟期之后，将面临更加激烈的市场竞争，对家族企业创始人提出了更高的管理和经营要求，而家族企业创始人的这种个人英雄主义势必会成为企业生存和发展的重大障碍。

在很多家族企业中，创始人虽然嘴上说要建立团队、鼓励各部门合作，但是在实际管理过程中，往往不知该如何下放权力，依然处处事必躬亲，无法充分地发挥整个团队的作用，特别是在决策中往往都持有“唯我独尊”的心态。

当面临某个重大机遇时，一部分家族企业创始人常常采用“民主”的决策方式，把决策意见拿到公司高层中讨论。然而，在开会讨论之前，一部分家族企业创始人在脑子里其实就已经有了一个大体的框架。开会讨论的目的，只是要把自己已经作出的决策让高层经理们接受而已。在高层会议上，如果高层经理们提出不同意见，甚至是相反的意见，家族企业创始人就开始说服提反对意见者，而不是考虑自己的主张是否存在问题。

第二节　暴政独断的管理手段不适合规模企业

在“家族企业长盛不衰的秘诀”培训课上，一些家族企业经营者们抱怨说：“周老师，现在的高级管理人员就是不听话，非得要弄出一个××管理体系，还要参与什么企业战略决策。在私下我跟这些高级管理人员说：‘兄弟，咱们企业就这么大，你按照我的战略执行就行了，至于其他的，你就不用那么操心了。’而这些高级管理人才却说：‘不是我不执行您的战略决策，是您的战略决策有问题。’”

其实，类似的抱怨还有很多。在一次“中外家族企业成功之道”的公开课中，一家大型民营企业的老板非常纳闷地问笔者：“周老师，你说要票子我给票子，要房子我给房子，要车子我给车子，就差要老婆没有把老婆给他了。凭良心说我真的待他不薄，可为啥他就是不领我的情，还是要辞职呢?”

在一次培训课上，我见到了那位民营企业老板所说的那个辞职的员工，这是一位毕业于北京某大学的高才生，在企业里摸爬滚打了十几年，具有丰富的管理经验。谈及离开那个民营企业，他深深地叹道：“其实老板待我也不错，但是我离开绝对不是因为这些，在那里我总是觉得很空虚、很压抑……”

我将那个民营企业老板的话转达给他之后，他说出了自己的心里话：“我总不能为他打工一辈子！他只是一个穷得只剩下钱的暴发户罢了。其实现在金钱对于我来说没有绝对的诱惑力，我只想干出一番业绩，证实我的能力，而在那里我总是不能全力施展自我的才能，我离开是因为在那里是对我的价值最大的否定。”

上述案例反映出一个非常值得反思的现象，在很多家族企业中，其创始人从不愿意招聘高级人才，从某种程度上说，他们更热衷于招兵。

究其原因在于兵来了，家族企业创始人往往把他们定义为一线执行人才，而高级人才加盟了家族企业，必定就要分享家族企业创始人的一部分决策权。据很多家族企业经营者所言，听话的高级人才没本事，有本事的高级人才不听话。特别是随着高级人才的加盟，家族企业业绩蒸蒸日上后，不管是外界的合作者、媒体还是内部的员工，都会自觉不自觉地把目光投射到这些高级人才身上，这就使得家族企业创始人本人黯然失色。

这就是为什么一部分家族企业总是留不住高级人才，为什么家族企业花高薪聘请的高级人才总是不断离职的根本原因所在。

据媒体报道，太阳神集团内部的诸多高层人士有一个不变的评论：“董事长骆辉是一个绝对的大独裁者，无论你是谁，一旦吾意已决，无论你有多么充分的理由，到他那里一定是落花流水，一点作用也没有。”[①]其实，这样的案例非常普遍。

由于公司业务的需要，2000年年初，李大志被深圳市克林电子有限公司挖去做副总兼营销总监，主要负责营销事务。

李大志，1993年辞去公职南下深圳谋求发展，在去深圳市克林电子有限公司之前为圣达公司华北区销售经理。

李大志走马上任后，竟然发现克林电子公司生产的产品是

① 叶海昀.企业家素质与家庭企业的发展：以宁波方太厨具有限公司为例[D].对外经济贸易大学硕士学位论文，2011.

仿冒某国的一个同类产品，主要的销售模式是靠低廉的价格。

面对这样的产品，李大志主动与总裁刘国栋沟通。然而，出乎李大志意外的是，在克林电子公司，不仅仅李大志与总裁刘国栋之间存在沟通障碍，或者说根本无法沟通，甚至每个高层经理与总裁刘国栋都沟通不畅。

当然，这都源于总裁刘国栋的刚愎自用、暴政独断，没有给过李大志等人沟通的机会。

半年后，在克林电子公司召开营销工作会议上，总裁刘国栋认为，召开营销工作会议只是讨论一些技术性问题。然而，李大志觉得，召开营销工作会议只是讨论一些技术性问题远远不够。因为克林电子公司出现的很多问题已经不是这些技术性问题本身了，而很多技术性问题是由克林电子公司的战略决策所导致的。

让李大志没有想到的是，克林电子公司目前的很多重大战略决策都存在着方向性错误。面对这样的历史遗留问题，李大志认为，如果重大战略决策的方向性错误得不到纠正，讨论再多的细节问题也毫无意义。

经过几个月周密调研，李大志拿出了要对公司重大的方向性问题进行整改的方案。

当刘国栋拿到这份方案后，非常生气地说：“我们克林电子公司需要的只是战术型人才，不是负责通盘考虑的战略性人才。在克林电子公司，全局战略性问题由我决定就可以了。”

从那以后，李大志为了说服刘国栋，开展了大量的研究，特别是针对市场策划、市场开拓、产品价格及产品设计提出了自己的想法，并常常把这些创意汇报给刘国栋。

然而，刘国栋对李大志的销售方案不屑一顾，甚至推托有事情以后再谈，要么就干脆否定李大志的营销策划方案。

当李大志将《2000—2001 年克林电子公司产品市场营销总

体方案意见书》交给刘国栋之后，再也没有得到回复。

2000 年 7 月，李大志问刘国栋他写的那份报告需要修改哪些方面时，刘国栋却说："克林电子公司有关产品营销的总体战略、营销模式设定，及市场总体开发计划的重大事宜不是你这位营销总监考虑的。这些大的营销战略都由我来统一制定。你这位营销总监的职责只是执行这些营销战略就可以了。记住，你这位营销总监的任务只有一个——按照克林电子公司的统一的营销策略提高销售额。"

李大志问刘国栋："刘总，既然您认为我还是营销总监，可以给您提几个营销战略的建议吗？"

刘国栋说："那是当然的，我非常欢迎。"

李大志又问："刘总，我的那份报告就算一份建议书，为什么交上来之后一个月还没有答复呢？"

刘国栋说："你报告中的内容不符合克林电子公司的实际销售情况。"

李大志又问："哪一些内容不适合呢？"

刘国栋说："这个方案应该是由总经理做，不是你分内的工作，所以不必那么麻烦。"

李大志拿出公司的《营销总监岗位职责》给刘国栋看："这上面写得非常清楚，这些工作都是我这个营销总监分内的工作。"

刘国栋说："不要那么教条和死板，制度是死的，人是活的，不能什么事情都那么僵化。"

李大志听后只觉得无言以对。

2006 年 4 月，我去深圳给一个企业做内训，再次见到了李大志，他现在在一个大型企业做销售总监。听李大志说，克林电子公司已经倒闭快 3 年了，原因就是刘国栋一人独裁，听不进高层干部的意见，以至于公司的产品没有市场，大部分压库，从而使资金链断裂，最终崩盘。

在上述案例中，营销总监李大志可称得上是一个称职的高层领导者。尽管李大志在工作中兢兢业业，但是在刘国栋这样的老板手下工作，同样也使得自己的业绩黯然无光。正是因为刘国栋的刚愎自用、暴政独断，为克林电子公司的夭折埋下了伏笔。

可以说，克林电子公司这样的家族企业并非个案。对此，资深管理专家周广生曾撰文指出：“一般来说，领导者最容易犯的错误就是独断专行，‘一言堂’，搞一个人说了算。然而只可惜，凡喜欢独断专行的人：一是没有不犯错误的；二是能成就大事者不多；三是往往得不到下属的拥护。”

从周广生的观点中不难看出，在家族企业实际的运营管理中，家族企业创始人刚愎自用、暴政独断的管理方法对企业发展危害是非常大的。研究发现，在很多家族企业中，极端化、片面化、武断化的管理，更加激起了员工对家族企业创始人的不满。一般来说，刚愎自用、独断专行的家族企业创始人主要有以下四种类型，见表 3－1。

表 3－1 家族企业创始人刚愎自用、独断专行的四种类型

类 型	特 点
明君型	在很多时候，明君型家族企业创始人尽管有时会刚愎自用、独断专行，但是他们往往会主动关心员工、尊重员工，问题在于其“君臣之道”的思想非常严重
昏君型	中小家族企业死亡率较高多半是由昏君型家族企业创始人所导致的。昏君型家族企业创始人不仅会刚愎自用、独断专行，而且还盲目自大，从不关心员工，甚至在决策时决不允许员工提不同的意见
事必躬亲型	由于个人业务素质较强，事必躬亲型家族企业创始人也会表现出刚愎自用、独断专行的领导风格，他们常常坚持自己的决策，不会接受下属的意见

续表

类　型	特　　点
人才匮乏型	由于家族企业本身的原因，很多家族企业创始人都极度缺乏人才，这就使得其不仅需要担负船长的角色，而且还要担负起其他角色，从而就导致了家族企业创始人的刚愎自用、独断专行。当然，也可能是员工们自身的工作技能达不到创始人的要求

第三节　借鉴柳传志的制度化管理

在“家族企业长盛不衰的秘诀”培训课上，一位学员问道：“周老师，既然解决中小家族企业创始人刚愎自用、暴政独断的问题如此重要，那么如何才能解决这个问题呢？”

要解决中小家族企业创始人刚愎自用、暴政独断的问题，就必须用制度来保证。在联想集团，柳传志反复强调，联想是一个执行力非常强悍的公司。

柳传志举例说：“联想开会决不允许迟到。我们规定，会议不管大小，迟到的必须罚站 1 分钟，那个姿势是像默哀一样的，很难受。从 1989 年到现在，这么多年，来这么多人，制度就是制度，必须贯彻。一开始还有人并不太当回事，后来，如果开会有人迟到，主持人没罚他站的话，那主持人到我这里来罚站 1 分钟。”

从柳传志的罚站规定可以看出，只有坚持用制度的强制力，才能解决中小家族企业创始人刚愎自用、暴政独断的问题。

然而，虽然许多中小家族企业创始人已经认识到企业进行制度化管理的重要性，但是许多企业制度却形同虚设，其制度管理停留在口头阶段。对此，资深管理专家认为，进行制度化管理的方法有以下八个，见表 3－2。

表 3－2　企业进行制度化管理的八个方法

名　称	内　　容
不能让企业制度凌驾于国家的法律法规之上	当中小家族企业创始人制定制度时，必须依据国家的相关法律法规，制定符合自身实际的制度，决不能让制度凌驾于国家的法律法规之上。否则这些制度都将无效，反而会给企业惹上麻烦
制定完善的公司规章制度	制定一个完善的公司规章制度，用来指导和制约其他制度的制定和管理，一旦其他制度与公司规章制度冲突，立即宣布其他制度无效
明确各个制度的效力	在制定制度时，必须明确各个制度的效力。比如某一个制度的生效和废止时间，该制度对某一范围内的员工有效等
制定相应的程序	在制定制度的同时，还必须制定相应的程序
设置专门部门负责制度管理	在制定制度时，就必须设置专门部门负责企业制度管理工作。比如，在制定某一企业制度时，由专门负责人协调各个部门制度的制定；汇编企业的各种制度；发现新旧制度发生冲突，甚至矛盾时要及时宣布废止旧制度，确保新制度的执行
明确企业制定制度和执行制度的主体	在制定制度时，必须明确企业制定制度和执行制度的主体。即明确什么部门有权制定制度，制定企业的哪些制度，以及制度由何人来执行与监督
管理层要重视企业的制度化建设和管理，并且要带头执行	如果没有企业创始人和管理层的重视以及带头执行，那么企业的制度化建设和管理也只是形同虚设。这就要求中小家族企业创始人和管理层重视企业的制度化建设和管理，并带头执行，从而形成上行下效的效果
制度制定完毕要对员工进行培训	当制度制定完毕后，必须对员工进行培训，从而让员工先“知法”。通常情况下，企业应制定员工手册，手册中可以将企业的制度收编进去。这样也可以确保新进员工能很快适应企业，进入工作状态

从表 3－2 中不难看出，只有完善的制度化建设和管理才能彻底解决中小家族企业创始人刚愎自用、暴政独断的问题。

的确，在中国很多家族企业中，家族企业创始人的个人英雄主义曾经为家族企业的发展做出过卓越的贡献，但是当家族企业达到一定规模后，家族企业创始人“老子天下第一”的个人英雄主义行为必定会阻碍家族企业的发展。如果说个人英雄主义能够在初创企业奏效的话，那么将这种管理模式沿用在具有一定规模的家族企业中显然不合适。

在创业初期，个人英雄主义必然是追求决策效率最大化，而决策效率最大化的结果保证了家族企业的高速发展，而家族企业达到了一定规模后，这样的管理模式就已经过时，在很多时候，高压政策和独裁垄断的管理风格最终将导致整个家族企业人心涣散。

第三章
合伙人不对劲，不敢“王佐断臂”

由于家族企业本身的特点，在初创阶段，创业资金大都是由家族来出，很少由一个人出资。这无疑就会遇到一个问题，合伙人一旦出现“哥们式合伙，仇人式散伙”，该怎么办？敢不敢王佐断臂呢？

王佐断臂讲的是宋朝时岳飞的部将王佐，为了说服金兀术的义子陆文龙归降，把自己的一个手臂砍掉来获取金人的信任。现在我们用这个成语是指在必要的时候，就要做出相应的牺牲。

很多家族企业初创时，一般是兄弟、好同学、好朋友或者亲戚一起创业，对此，有人戏言，个别企业的合伙人都是“哥们式合伙，仇人式散伙”。公司创办之初，碍于情面，合伙人之间只用口头简单约定。而在经营过程中，公司财务管理又不规范，制度和股权或者没有明确约定，或者比较模糊，这些都为以后的纠纷埋下了祸端。

第一节　“哥们式合伙，仇人式散伙”

对于任何一个家族企业创始人而言，从创业的第一天起，一定希望自己创办的企业能够做到基业长青和永续经营。

尽管这是一个非常朴素的想法，但是却有很多家族企业倒在极速的发展之中。在笔者采访和给一些企业老板做培训过程中发现，要想实现基业长青的梦想，可谓是“蜀道之难，难于上青天”。

这是为什么呢？这主要源于中国的传统文化。在中国传统文化中，倡导儒家“五常”——“仁、义、礼、智、信”。

在这样的文化熏陶下，中国人就时刻把这“五常”作为做人、经商的训条。客观地讲，中国人重感情、讲义气，的确是一种传统美德。在儒家“五常”中，把“义”列在“仁”之后居于第二位，足以看出“义”在中国传统文化中的分量。

在中国改革开放30多年的历程中，中国企业家迎来了创业的黄金时代。据资料显示，我国中小企业已经达到约5 000万家。

在这约5 000万家中小企业中，众多企业创始人将“重感情、讲义气”的这种美德带到了商场经营中，所谓“在家靠父母，出门靠朋友”。

研究发现，在中国创业企业中，三五好友聚集，一番热血涌动之后就开始创业的情况不在少数。在企业创办初期，企业的凝聚力是最强的，因为其目标都是一致的——赚钱。在这个目标下，创业伙伴都会同心协力，同甘共苦，一点一滴地努力将创业企业的规模做大。

然而，当创业企业规模做大之后，当初的“重感情、讲义气”式友谊就开始出现裂痕，内讧开始产生，利益纠纷开始出现。一旦创业企业出现这样的问题，那么它离倒闭就不远了。

事实证明，很多家族企业由于经不起这种折腾，倒在了成长的路上。中国照明行业中类似事件屡见不鲜，2005年雷士照明遭遇的股东分家危机至今历历在目，让人心有余悸[①]。

被称为照明行业“三剑客”的吴长江、胡永宏、杜刚都是山城重庆人，而且还是高中三年同窗，其中吴长江为班支书，胡永宏

① 一凡.照明企业：合资办企不能光靠讲义气[N].古镇灯饰报，2009-08-28.

为班长。

1984年，对于吴长江、胡永宏、杜刚三人而言，无疑是幸运的一年。三人以优异的成绩分别考入西北工业大学、四川大学、华南理工大学。在20世纪80年代，上大学就意味着改变命运。

由于吴长江、胡永宏、杜刚三人上的大学各不相同，当大学毕业后，三人的工作地点自然就各异——吴长江被分配到陕西汉中航空公司，杜刚被分配到国有企业惠州德赛电子，胡永宏则被分配到了成都彩虹电器集团。

1992年，邓小平南方讲话以后，中国创业迎来了燎原之势。不甘落寞的吴长江看到越来越多的人加入到创业队伍中，心中更是踌躇满志。于是他从陕西汉中航空公司辞职南下广东。不久，吴长江辗转加盟了位于广州番禺的一家名为雅耀电器的港资灯饰企业。

1993年年底，吴长江从雅耀电器辞职，并筹划创业，创业项目就是照明行业。当然，吴长江没有把创业地点选择在番禺而是选择在惠州，他有自己的盘算。当时，吴长江的高中同学杜刚已经升任为惠州德赛电子下面一家二级公司的副总经理了。吴长江前往惠州创业，起码有同学照应。

1994年，杜刚邀请了三位德赛的老总，而吴长江则邀请大学校友王戎伟，6个创业伙伴每人出资15 000元，总共募集了10万元创业资金，成立了惠州明辉电器公司，专做电子变压器的代工生产业务。

而惠州明辉电器公司的具体工作由吴长江和王戎伟负责，其他四个人只做股东。公司刚设立之时，其工厂就设在德赛厂区，由于德赛的三位老总是股东，惠州明辉电器公司最早用的厂房、货车都是免费的。

由于惠州明辉电器公司没有厂房投入、没有租金负担，创办当年就盈利100余万元。但因股东数量太多、分歧过大，一年之后的1995年，创业伙伴决定卖掉惠州明辉电器公司，每个创业伙伴分得30多万元。

惠州明辉电器公司卖给了给吴长江他们订单的港商，而港商又把吴长江返聘为该公司总经理，并且答应给予吴长江15%的股份。

该港商则在中国香港成立贸易公司，把明辉电器的产品卖到海外。但是后来吴长江发现，香港老板承诺他的15%的股份几乎拿不到分红，因为公司的利润转到香港去了，内地的公司赚不到钱。几年之后，吴长江索性离开了企业。

1998年，吴长江决定再次进军照明兴业。他找到了高中同学胡永宏，后者所在的成都彩虹电器集团从事的是小家电行业，而且他毕业十年来一直干着营销工作。吴长江擅长的是工厂管理，做品牌光有工厂管理能力显然不够，所以胡永宏的市场营销经验就成为吴长江所急需的①。

1998年年底，吴长江出资45万元，而他的另外两位同学杜刚与胡永宏各出资27.5万元，以100万元的注册资本在惠州创办了雷士照明。

从雷士照明的股权结构来看，吴长江是雷士照明的第一大股东，持股占比45%，而相对两位同学杜刚与胡永宏的合计持股55%来说，吴长江又是小股东。

雷士照明正是在这种“有控制权、但又被制约”的股权结构中，作为同窗的“三剑客”就这样合力把雷士照明迅速做大。创办雷士照明的第一年，其销售额即达到3 000万元，此后每年以近100%的速度增长。

---

① 苏龙飞.雷士照明：资本猎手之间的博弈[J].经理人，2010(12).

随着雷士照明的做大，从2002年开始，雷士照明的“事情正在起变化”，公司股东的心态也开始悄然转变，裂痕随即产生。

在雷士照明中，吴长江担任总经理，全面负责雷士照明的运营。在对外合作中，吴长江代表雷士照明。在合作者眼中，但凡提及雷士照明，一定会谈及吴长江，其他两位股东杜刚与胡永宏认为自己的功劳被忽略了。

于是，掌管雷士照明销售的胡永宏开始越位干涉雷士照明的企业经营，原本只需要向总经理吴长江汇报的事情，胡永宏也以股东身份要求职业经理人向其汇报，并且单方面下达他的指示。胡永宏的举动就造成了一旦股东意见不一致时，雷士照明职业经理人就无所适从。

随着公司内部局势的恶化，但凡开会，常常是股东一方提出新的建议，另一方通常都表示反对，致使雷士照明的会议无法正常继续进行下去。

不仅如此，杜刚与胡永宏认为，一旦这种情况持续下去，雷士照明将无法持久经营，于是提出只要雷士照明有收入就马上分红。

在日后的分红中，由于吴长江的股份相对于杜刚与胡永宏而言，个人股份较多一些，因而所分得的现金也较杜刚与胡永宏要多。这就使得杜刚与胡永宏心理进一步不平衡，提出分红也必须一致。

经过一番交涉，吴长江把自己的股份向杜刚与胡永宏分别转让5.83%。于是吴长江、杜刚、胡永宏三人的股份形成33.4%、33.3%、33.3%的均衡状态，三位股东在雷士照明的工资、分红也完全均等。

然而，尽管股东股份平衡的问题解决了，但是吴长江、杜刚、胡永宏三位股东的关系却并未因此而改善。2005年，随着雷士照明的销售渠道改革，三位股东的矛盾全面爆发，杜刚与胡永宏激烈反对吴长江的改革方案。

吴长江当时采取了一个“以退为进”的策略，由于他全面负责雷士照明的管理和经营，如果自己离开，杜刚与胡永宏是“玩不转”雷士照明的。于是吴长江向杜刚与胡永宏提出，出让自己所有的股份给杜刚与胡永宏，分走8 000万元现金并彻底离开企业。杜刚与胡永宏欣然同意，随即签署协议。

然而，让杜刚、胡永宏没有想到的是，当吴长江离开雷士照明还不到一周时间，两人即遭遇雷士照明全体经销商的纷纷讨伐，经销商要求吴长江重掌企业，杜刚与胡永宏被迫各拿8 000万元彻底离开了雷士照明。

在这一“赌局”中，吴长江“以退为进”的策略最终赢得胜利，而且付出的成本低于预期。有媒体报道说，如果不是吴长江“以退为进”的策略，要想让两位股东杜刚与胡永宏顺利离开，吴长江付出的成本远不止1.6亿元的资金。

事实上，尽管股东问题相对来说是妥善解决了，但是留给吴长江的雷士照明依然前途暗淡，在公司账上，已经没有足够现金支付杜刚与胡永宏离开的股东款了。经过协商，双方最终达成一个折中方案，即杜刚与胡永宏两位股东先各拿5 000万元，剩余款项半年内付清。

在兑现了一个亿的股东款之后，雷士照明账上几乎清零，接下来的资金问题才是吴长江真正的挑战。据他自己说，从2005年年底到2006年的下半年，他唯一做的事情就是“找钱”，其他的一概不管。[①]

---

① 苏龙飞.雷士照明：资本猎手之间的博弈[J].经理人,2010(12).

在中国，有一句叫“合伙的生意做不长久”的古话深得古今商人阶层的认同。研究发现，同学、好友合伙创业绝大多数都是“有善始、无善终”的，即“哥们式合伙、仇人式散伙”。

当然，相对较好一点的结局就是分道扬镳，各自独立经营自己的公司，比如正泰集团创始人南存辉和德力西集团创始人胡成中，两人曾在1984年共同创办求精开关厂。最糟糕的结局是兄弟反目成仇，对簿公堂，最终将创业企业推下山崖，比如爱多集团创始人胡志标和陈天南。

客观地讲，创业企业股东之间的矛盾，向来是公说公有理婆说婆有理。在上述案例中，吴长江和另两位股东杜刚与胡永宏之间，究竟孰是孰非、谁对谁错，至今依然是个谜团，很多媒体报道仅仅只是吴长江的一面之词。

尽管雷士照明的城池得以保住，但是吴长江却为此付出了1.6亿元的巨额代价。对此，他在接受媒体采访时叹道：“你身上背着黄金，掉进了水里，你要是不丢掉黄金，你的命就没有了。当时企业非常危险，我只有丢掉‘黄金’，将企业牢牢抓在手里。”

根据双方签订的协议，吴长江必须支付给另两位股东每人8 000万元、总共1.6亿元的股权转让金。不仅数目不小，而且有时间限制。吴长江必须在一个月之内首先给每人支付5 000万元、总共1亿元的资金，而余款必须在半年内全部付清。协议签订的两天后，律师又给吴长江拿来了一纸补充协议，如果不能按期支付，则会拍卖他的股份和品牌。

命悬一线的雷士照明不禁令人联想到曾经的爱多DVD，后者当年就是因为一场股权风波，被股东抽走了5 000万元，导致资金链断裂而轰然倒地。而这次雷士照明所遭遇的情况更甚，釜底抽薪的1.6亿元使得雷士同样面临资金链断裂的境地[①]。尽管当时吴长江赢得

① 孙雅男.吴长江劫后重生[J].英才，2007(10).

了胜利，但同时也为自己与阎焱日后的对决埋下了祸根。

第二节　梁山败局源于合伙人不对劲

江湖文化是中国文化在演变中所衍生出来的一个非常奇特的现象。不管是唐朝诗人李白，还是梁山泊首领宋江，都把江湖侠文化演绎得遐想无限，博大而又神秘。但是这种文化不能用于商业经营中，否则这个创业企业必然遭遇重大危机，甚至还可能倒闭。

我们研究后发现，梁山最终的失败是必然的。在梁山的将领中，很多人都是被朝廷某些官员逼反的，他们对朝廷可以说是恨之入骨。然而，梁山首领宋江却一直以期望招安为梁山的最终战略目标。

在《水浒传》中，在江州，宋江得到戴宗和李逵的照顾，但因酒醉在浔阳楼墙壁上题了反诗，被江州知府蔡京的儿子蔡九判处死刑。正准备行刑时，梁山泊英雄在吴用的策划下，大闹江州法场，劫走了宋江、戴宗。事后，29 位英雄在江州白龙庙聚会，浩浩荡荡返回梁山泊，宋江在山寨中坐了第二把交椅。

这段文字很清楚地表明宋江上梁山，不是自己跑去的，而是他在浔阳楼酒后写下一首《西江月》词后被告发，罪名是谋反。

然而，让宋江没有想到的是，梁山泊的各路英雄从法场上把他劫走了。当宋江最终走上梁山之后，骨子里依然想报效朝廷，这就意味着宋江不可能跟其他各路英雄一样。

尽管宋江是一个不安分的人，但是其父的反复交代也让他彻底放弃了革命，从而实现忠君报国。可以肯定地说，在宋江的精神意识里，从来就没有想要彻底地革命，彻底地推翻大宋朝廷。宋江热衷于鼓吹招安，等待招安，迫不及待地乞求招安，主要是和他的忠君报国的精神意识有关。

反观《水浒传》，在招安这条战略路线中，很多英雄是不愿意被招安的，然而他们仍然屈从于封建礼教中宣扬的所谓“忠义”。宋江“忠义”于腐朽的朝廷，“忠义”于封建专制，企图竭力抚平已经十分尖锐的、不可调和的农民和地主之间的阶级矛盾，而其他人“忠义”的却是热衷于接受招安的宋江。每次激烈的争辩，他们总是被宋江那张巧舌如簧的嘴柔和地压制下去。反对者立场不坚定，虽然不像宋江那样铁了心地想招安，却碍于所谓的兄弟义气，最后总是唉声叹气，有的闭口不谈，有的以哄堂大笑来收回自己明明正确的言论，等于向宋江认错，导致了最后“被投降”。最终这场轰轰烈烈的农民革命草草了事，惨淡收场。①

在创业道路上，当创业伙伴的战略目标不一致时，不光是“排座次”“分金银”“论荣辱”等问题，更有甚者可能是一大堆问题都累积在一起，从而使得创业企业遭遇内讧。

湖南涉外经济学院沈端民教授就撰文指出：“任何政治斗争都基于一定的经济利益，梁山泊聚义也具有明确而具体的经济目的。作为聚义领袖的宋江用拜金主义指导梁山泊聚义，使拜金主义浸透了梁山军的政治理想，损害了梁山军领袖的权威性，削弱了梁山军的战斗力，最终使整个聚义军深深淹没在拜金主义祸水中而彻底灭亡。”②

水泊梁山虽然轰轰烈烈，可最后还是落得死的死，散的散，草草收场的结局。这个教训警示每一个家族企业经营者，要想使得自己所经营的企业基业长青和永续经营，在创建公司时，就必须选择一些与自己价值观相同的创业伙伴，否则，“哥们式合伙，仇人式散伙”的问题也就很难避免。

---

① 铁血网.梁山好汉为什么会失败[EB/OL].2017.http：//bbs.tiexue.net/post2_6599332_1.html.

② 沈端民.拜金主义：“梁山聚义”失败的根本原因[J].湖南财政经济学院学报，2011(3).

第三节　选择理想创业伙伴的三个标准

要想将家族企业打造成百年老店，就必须选好创业合伙人。对此，大唐帝国的开拓者唐太宗李世民的经验就值得借鉴。在《资治通鉴》里，就有关于唐太宗选择创业伙伴的案例。

上令封德彝举贤，久无所举。上诘之，对曰："非不尽心，但于今未有奇才耳！"

上曰："君子用人如器，各取所长。古之致治者，岂借才于异代乎？正患己不能知，安可诬一世之人！"

德彝惭而退。①

这段话的大意是：唐太宗李世民下旨，让宰相封德彝向大唐帝国朝廷举荐能人异士，可是让李世民困惑的是，时间过去很久了，封德彝也没有推荐一个自认为是有才能的人。于是李世民就责问封德彝为什么没有举荐一个可用的能人。面对李世民的责问，封德彝回答说："不是我没有去尽心找，而是当今大唐帝国的确没有杰出的人才。"李世民了解封德彝的想法后说："在用人这个问题上，其实跟使用器物的道理是一样的，每一种东西都要利用它的长处，避其所短。古来能使国家达到大治的帝王，难道是向别的朝代去借人才来用的吗？我们只是担心自己不能识人，怎么可以冤枉当今一世的人呢？"封德彝听了唐太宗的话，惭愧地走了。

李世民的观点是正确的，要想让大唐帝国千秋万载，就必须得人

① ［宋］司马光.《资治通鉴》［M］.北京：中华书局，2009.

才；只有得人才者，方可得天下、安天下、治天下。然而在中外古今，许许多多有识之士、有才之人，由于没有被伯乐赏识而最终报国无门，英雄无用武之地，遗憾终身。

在李世民看来，封德彝之所以没有能够选拔出人才，是因为他缺乏伯乐赏识人才的精神，而并非大唐帝国无才俊。在李世民帐下，就有善谏的魏征、长于谋划的房玄龄、敏于决断的杜如晦等。

李世民用人如器、用其所长，为一大批人才提供了一个可以施展的舞台，从而使这批人才的才能得到了很好的发挥，为成就李世民帝王之业和贞观之治打下了坚实的人才基础。正如司马光在《资治通鉴》里所言：“夫聪察强毅之谓才，正直中和之谓德。才者，德之资也；德者，才之帅也。云梦之竹，天下之劲也，然而不矫揉，不羽括，则不能以入坚。棠溪之金，天下之利也，然而不熔范，不砥砺，则不能以击强。是故才德全尽谓之‘圣人’，才德兼亡谓之‘愚人’；德胜才谓之‘君子’，才胜德谓之‘小人’。”

在司马光看来，唯才、唯德，都有失偏颇，只有德才兼备，才符合用人观。司马光的经典论述，值得家族企业经营者学习和反思，这个道理对于今天的创业企业一样适用。

作为家族企业经营者如何选择理想的创业伙伴呢？对此，业内专家认为，以下几点值得创业者学习和参考。

(1) 人品好是必要条件。在企业经营过程中，选择人品好的合作伙伴是保证企业生存和发展的必要条件。ZCOM 总裁黄明明坦言，“更多品质要在遇到困难和压力时才能体现出来。因此，选择创业伙伴时，有时自己的感觉比理性判断更加重要。要坦诚，要正直，如果创业合作伙伴品质有问题，公司一定走不远”。让黄明明最欣慰的是，ZCOM 四个创业合伙人，至今没有因为个人利益而出现过争执。

(2) 志同道合是基础。在创业和经营过程中，选择志同道合的合作伙伴是保证战略一致的关键因素，这为统一的战略方向打下基础。在《水浒传》中，宋江和其他英雄由于在招安问题上存在巨大分歧，尽管有情义的维持，但是最终还是大厦将倾。

(3) 具备韧性、开放的心态和非常强的执行力。在创业和经营过程中，创业者可能面对许多想象不到的困难，这就需要选择具备韧性、开放的心态和有非常强的执行力的合作伙伴。对此，奇虎董事长、天使投资人周鸿祎认为："选择投资对象和合作伙伴，最重要的是要有韧性，其次是要有开放的心态和有非常强的执行力。有的人有激情，但激情了三天，碰到了困难就放弃了。而有韧性持之以恒的人才能获得成功，所以这是第一位的。在互联网上要不断地学习听取别人的建议，不断地调整和变化，故步自封不愿意改变的团队是不会成功的。企业最终是天使还是魔鬼都在细节之中，特别是创业的公司，只有卷起袖子做事的人，才可以做好创业的企业。"①

---

① 李冰心.周鸿祎：选择伙伴韧性比激情更重要[N].中国青年报，2007－04－30.

第四章
企业管理不靠制度，靠人治

在很多家族企业中，一个非常典型的特征是管理人治化，这也是中国家族企业的一个通病。

研究发现，在很多家族企业中，由于家族企业创始人经常以亲情代替规则，以关系代替制度，从而使得家族企业的制度是有法不依，有法不严。

在这样的背景下，制度形同虚设也就非常容易理解。但是，随着家族企业规模的扩大，家族企业创始人不得不进行社会化改造，把企业由初期的个体企业改造为公司制企业。

尽管家族企业进行了社会化改造，但是由于其本身的亲缘文化带来的不可能充分授权，这就势必导致要么授权范围窄，要么盲目授权。

一般来说，家族成员员工可以凭借与创始人的血缘关系把持着家族企业的重要岗位，参与家族企业的重大决策，同时还享有优厚的薪水待遇。而非家族成员员工往往得不到老板的重视，甚至其努力工作也不能赢得老板的提拔和待遇的提升。

事实上，家族企业创始人往往不愿意重用和提拔非家族成员员工，有些家族企业创始人甚至还会尽量压低非家族成员员工的薪水和福利待遇。此外，家族企业创始人对于家族成员员工也往往是“情大于法”，犯错误时不予追究，而对于非家族成员员工则会严格按照规章制度处理。

在这里，笔者想起了电影《天下无贼》里那个贼王说给保安的那几句话：“你在这里干什么？当明星啊你，我们需要的不是敬礼，我们需要的是安全、责任感，懂吗？开好车你就不问，开好车就可以随便进入，开好车就一定是好人吗？形同虚设。”

可以说，《天下无贼》里，这个场景真正触动了笔者的神经，正是这个小小的细节，使笔者久久不能忘怀。

让我们回顾一下，刘德华扮演的贼王让女友施展“美人计”，敲诈了好色的大款刘总的一辆宝马车。两个贼开着宝马车从刘总那豪华、气派的别墅来到小区大门口，满脸威武、一身正气的小区保安忙毕恭毕敬地敬了一个礼，给贼放行。

在这个场景中，贼来提醒一个保安的职责，业主“需要的不是敬礼，而是安全、责任感”。

读者可能会问，这个故事跟家族企业制度形同虚设有什么关联吗？当然是有的。尽管组织类型不一样，但同样的是在制度下，岗位职责都没有执行到位。

很多家族企业创始人不管是在公开场合，还是在私下，都在强调企业要制度化、流程化、决策民主化，但是当家族企业某些岗位负责人在执行制度时，往往遭遇来自家族企业创始人的阻力而使得制度形同虚设，最后走向管理人治化。

第一节　家族企业典型的特征：管理人治化

在家族企业管理中，制度形同虚设主要体现在家族企业创始人管理人治化方面。在对家族企业社会化改造过程中，家族企业创始人往往采取渐进的方式，即首先聘任职业经理人来提升家族企业的管理水平。

然而，随着职业经理人的加盟，其必然带来一些先进的管理思想，从而会促使家族企业变革，这种管理变革势必会触及某些家族成员的诸多利益。

毋庸置疑，当家族成员的诸多利益被触及时，他们必然会想方设法去阻挠职业经理人的决策通过，甚至会怂恿别人起来反对职业经理人的决策。

即使职业经理人的决策能通过，这部分家族成员也会对决策采取阳奉阴违的不配合态度或者根本不去执行职业经理人的决策。

职业经理人为了推行自己的管理变革，势必会拿家族企业的某几个成员开刀。这很可能激化家族成员与职业经理人的矛盾，甚至可能会触发家族企业本来已经累积很久的诸多矛盾。

当问题发生在家族成员与职业经理人之间时，家族企业创始人一般会采取折中的方式来处理，最终往往不了了之。主要原因是，家族企业创始人绝对不能牺牲家族成员的利益来支持管理变革，否则他会遭受来自父母、亲戚等的唾骂。对于家族成员来说，他们是家族企业的元老重臣，也是多年前的拜把兄弟。在很多决策方面，他们大多是积极支持家族企业创始人的。

在这样的情况下，家族企业创始人会私下告诉职业经理人，让他们不看僧面，也要看佛面。而在家族成员面前，家族企业创始人也会告诉他们，聘请职业经理人的目的，是提升家族企业的竞争优势，让家族企业走向正规化、制度化、流程化，从而达到提升企业管理水平的目的。最终的结果就是，家族成员与职业经理人双方各自退一步。

读者可能会问，家族企业创始人本来想借助职业经理人的力量来提升管理水平的，为什么又往往是采用息事宁人的态度来处理家族成员与职业经理人的矛盾呢?

家族企业创始人这样处理，如果在创业阶段是可以理解的，甚至可以说是正确的。因为中国的信用体系不够完善，家族企业的后续发展，依然还要靠家族成员的大力支持和努力贡献。

当家族企业发展到一定阶段、一定规模时，还采取这种和稀泥的方式可能就会阻碍家族企业的发展，其弊端在日常的管理中也就可能会显现出来。

一般情况下，家族成员往往在管理方面非常容易陷入人治陋习，以中国家族企业目前的员工素质来看，严格执行企业的规章制度是一件非常艰难的事情，也是一个非常难以逾越的障碍。

研究发现，很多家族企业目前依然还停留在家族化管理阶段，家族企业的发展实质上还是靠家族企业家在拉动，而没能做到靠人才推动。至于能够走多远，则只能取决于家族企业家个人的能力、管理经验、行业的状况和市场供求等诸多因素。

很多第一代创业者创建的企业，一般都管理得非常好，效益也很不错，但是当换了创业者的儿子或孙子去管理这个企业时，其结果就不一样了。根本原因就是家族企业创始人采取人治化管理，而二代或者三代接班人往往喜欢采用制度化管理，结果招致诸多员工的反对。比如，王安电脑公司就是这样，王安采取的是人治化管理，而接班人王烈采取制度化管理，结果使得王安电脑公司开始出现巨额亏损。

其实这非常容易理解。当家族企业规模较小时，一般都经不起商业大潮的冲击，由于采取的是人治化管理，家族成员的工作积极性被激发起来，因为家族企业的未来就是他们的未来，如果家族企业倒闭了，那么他们的财富梦想也随之破灭。但是，当家族企业达到一定规模后，此刻由于家庭、亲属之间成分复杂，又缺乏健全的制度来保证家族企业的顺利发展，便容易引发家族成员为了争权夺利而勾心斗角，甚至将家族企业的财产按照当初的股权比例来分配，从而使得家族企业四分五裂。

研究发现，当家族企业达到一定规模后，特别是在取得一定业绩后，家族企业中的某些能人就非常容易居功自傲，紧接着便会独断专行、排除异己，形成“一言堂”。这样，在家族企业内部没有任何制衡和监督的情况下，一旦决策失误，家族企业就会陷入绝境。这是由成千上百个案例证明了的。

事实证明，在中国众多的家族企业中，传统的家族管理色彩依然很浓，这必然影响家族企业的持续发展和做大。家族企业创始人没有意识到，管理人治化本身就决定了家族企业缺乏规范的制度管理，这可能加速家族企业的衰亡。

对家族企业进行社会化改造并不是一个一蹴而就的过程，而必须是建立在自身基础之上的循序渐进的社会化过程。对于某些家族企业来说，完全摒弃人治化管理还为时尚早。因为由传统的家族制企业发展为现代家族控股企业，在实际操作中并不是一句话就能解决的，这毕竟涉及家族企业的所有权转移问题。家族企业在产权多元化的过程中，家族企业创始人更应该保持审慎的态度，做到绝对控股，从而保证家族企业社会化改造后能够继续保持高速度发展，力争寻求到家族制与现代企业制度两者之间的契合点。从长期来看，家族企业成长的过程，也就是一个不断用法律规范自己的过程。因此，在家族企业社会化改造的过程中，从“家族管理人治化”转型为“现代企业制度管理法治化”，企业就可能取得可持续发展；反之，如果这一层茧也破不了，就难言向现代意义上的现代化企业的转变。

第二节　管理人治化导致企业制度化道路困难重重

在“如何让家族企业基业长青”培训课上，笔者告诫那些听课的学员要完善家族企业的章程，哪怕是较小的家族企业。

一些创业企业往往都是以牺牲企业规范来换取发展速度的。其实,这样的做法是不可取的。为此,巨人集团创始人史玉柱在接受媒体采访时坦言:“企业从创立的第一天起就要建立严格制度,规范化运作,哪怕因此牺牲一些发展速度。”

在史玉柱看来,很多家族企业没有能够做到大而不倒的一个重要原因就是企业章程流于形式。在中央电视台财经频道“赢在中国”第三赛季晋级篇第一场中,史玉柱的点评如下:“我不同意你现在可以不规范的说法。我觉得一个企业,从一开始做事就应该规范,哪怕牺牲一点发展速度。我公司自成立第一天起,就按上市公司的要求去做,去规范,这在起步阶段可能影响一点发展速度,但发展后劲足,会持久;而且机遇一旦来临,就能迅速扩张。现在你一个团队运作三个公司,这样做是不合法的。所以我提醒你,从现在开始,就应该有强烈的规范意识。”

在史玉柱看来,再小的企业,一开始就要规范。史玉柱告诫创业选手要规范,主要源于自己的失败教训。史玉柱回忆说:“15 年前的中国和现在不一样,那时谁的胆子大谁就能取得暂时的成功。但现在看来不是这样的,那时胆子大的人,活到现在的有几个?我那时候也属胆子大的,可我不也是栽了吗?现在,中国已经越来越规范了,机会也越来越均等了,不能再去靠胆大取胜。现在靠的是战略和人才。我建议通过制定英明战略和合理使用人才去取得企业发展,个人胆魄不那么重要!”

客观地说,在传统的家族企业里建立现代企业制度,是需要家族企业创始人的强行推广和家族企业员工的支持才能做到的。在家族企业中进行真正的制度化管理,可谓是困难重重,其阻力有以下几个方面:

第一,制度化、规范化的最大阻力来自家族企业的最高决策者。在家族企业中,尽管家族企业创始人在公开场合大力推行制度化、规范化,但是真正地执行制度化、规范化的最大阻力却恰恰来自家族企业创始人这个最高决策者。在很多家族企业中，以下几种现象经常发生在老板身上：① 企业规定早上9点上班，而家族企业经营者往往迟到次数最多。② 企业规定上班时必须穿公司统一的工作制服，而家族企业经营者为了跟客户签合同，绝大多数时候都不穿工作制服，而且次数往往最多。③ 企业财务制度规定，出差回来后务必在一星期内完成所有报销手续，而家族企业经营者往往因为事务繁忙而屡屡违反企业规定，而且次数还最多。

可以看出，由于家族企业最高决策者对公司管理制度的不执行，从而也会阻碍家族企业制度化、规范化管理，甚至还会颠覆企业管理制度本身的严肃性和权威性。当一线员工违反企业规章制度时，家族企业的制度监督部门就会面临“某某迟到都没有处罚，凭什么只处罚我，你有本事就先去处罚某某后，再来处罚我”的尴尬境地，从而加大了制度执行的难度，甚至还可能导致企业制度根本就没有办法执行和贯彻。

第二，制度化、规范化建设过程中存在着摇摆性和诸多不确定性。研究发现，很多家族企业当达到了一定的规模，往往会强调制度化和规范化管理。

然而，家族企业要真正地实现制度化和规范化管理还是有很大的难度的。一些家族企业在企业制度化、规范化管理推进过程中，由于诸多因素的影响，使得原本高歌猛进的制度化和规范化管理建设可能因为某些因素而停止，甚至还可能回到以前的传统家族企业管理模式上去。

由于制度化和规范化管理存在着摇摆性、反复性、模糊性、模棱两可性、不坚定性、不彻底性、妥协性等诸多不确定性，最终使得制度化和规范化管理建设难产。

其实，在很多家族企业中经常发生这种情况：由于管理混乱、无章可循，家族企业经营者下令行政部经理制订健全的企业规章制度，用企业制度来规范家族企业员工的诸多行为。然而，当行政部经理把制度制订出来以后，并开始推广和执行该企业制度时，由于触及家族成员的某些利益，就使得家族企业传统势力不配合，甚至是公开抵制，而家族企业经营者往往又不能坚持当初下令制订企业制度的初衷，总是向旧习惯势力让步，最终以牺牲企业的规章制度的方式来结束制度化和规范化管理。

第三，家族企业的"二律背反"阻碍制度化和规范化管理的进程。在很多家族企业中，尽管制定了诸多规章制度，但是非常典型的问题是有制度却不按照制度去执行，企业因此管理混乱。另外一个现象就是，家族企业的某些岗位经理如果严格按制度去执行，那么就会触动家族企业中长久以来形成的各种管理陋习和一些家族成员的既得利益，执行者往往会遭到来自各方面的反对，甚至会遭到群起攻之。而当初大力提倡制度化和规范化管理的家族企业经营者此刻为了维持家族企业的稳定，往往会充分考虑反对者的各种意见，甚至还站在反对制度执行者的一边。于是，制度和制度执行者就被当成一种祭品牺牲掉了。在中国家族企业中，这种现象每天都在发生。家族企业走不出短命规律，这是一个很重要的原因。

第四，家族企业经营者个人色彩太浓，个人影响力太强，而制度的作用又非常弱，这就影响家族企业制度化、规范化管理的推进。

一旦家族企业更换了老板，整个家族企业的架构、管理模式，以及战略方向都会发生改变。这就极大地阻碍了中国家族企业制度化、规范化管理的发展，甚至个别家族企业，一旦老板离开公司或者遭遇不测，那么整个企业就会遭遇瘫痪。

第五，制定的制度缺乏超越性和长远性，从而阻碍家族企业制度化、规范化管理的建设。

在一些家族企业中，老板文化水平不高，所以在制定规章制度时往往没有作超前和长远考虑，只是根据某个时段的管理需要。当家族企业的规模做大以后，曾经制定的企业制度却已经过时，此刻，家族企业又不得不重新制定规章制度。在这样的背景下，家族企业就永远需要一个魅力型人物来统辖，而且家族企业依然靠人治来发展。

第三节　有法不依源于管理人治化

在很多创业型的企业中，几乎没有什么制度可言，更别谈完善的现代公司制度。在一些创业者的眼中，制度就是创业者手中的狗，想咬谁就咬谁。这就是为什么中国创业企业生命周期平均只有 2.9 年的一个重要原因。

在史玉柱看来，这样的做法无异于自杀。史玉柱在《史玉柱自述创业历程》一文中是这样谈论规范的：“不要光是整天生活在闷事中，但真要做事的时候一定要胆子小、谨慎、脚踏实地。再一个就是上来做事要规范，想要做大事，一定要规范，做小事不太规范好像时间短也没什么问题。但是你如果想干个事，做得比较长久的，所有事情都要做规范。

中国有个规律，王石有次跟我说的规律，结合他自己的例子——不该你赚的钱，你赚到了，将来一定会加倍吐出来。他创业初期也有不规范，在深圳倒卖录像机，他们是靠这些起家的。”

后来我回想自己的过去，好像也是这样的。当时我也没太多的规范，我当时和他差不多。以后你们年轻人要创业，要想真心创业，从第一天开始就要规范。所以我出门就带来这两句话，我就说这么多。”

在史玉柱看来，完善现代公司制度的价值远远比眼前的十几万元重要。然而遗憾的是，在很多家族企业中，就算有完善的制度，也有法不依，这主要源于家族企业创始人管理的人治化。

2006 年，笔者给江苏昆山一家安防企业 A 公司做内训时，其中一个C学员就告诉我,该企业的某些制度不合理。

原来A公司没有制定一个适应公司发展的出差制度,以及销售人员手机费用报销制度。按照A公司现有制度规定,在出差期间,销售人员一天的补助是200元,其中包括住宿、伙食补贴,而手机费按照每月150元报销。

可现实情况是,销售员出差在外的日平均住宿及伙食费都在300元以上,而销售员的手机费每月最少都在400元以上。

C学员多次与A公司老板沟通,并针对此问题提出自己的看法,最终也没有改变此项规定。

而销售人员为了等额或超额报销出差的费用,不得不虚增出租车费用,尽可能多增开出租车发票,即乘坐出租车时向司机超额索取车票,然后拿回A公司报销,以达到增加出差费用的目的。每当此时,A公司老板只好睁一只眼闭一只眼,一律签字批准。因为A公司老板知道,就算是他出差,如果按照制度报销差旅费,他也得这样做。

其实,像A公司这样的制度,不仅形同虚设,甚至还阻碍了公司的发展。长久下去,必然引发销售员的不满,从而就会在工作中怠工,甚至发生出差不干活的现象。

客观地讲,很多台资企业往往比较重视制度化管理,比如说在企业运作流程、组织架构、制度建设等方面都远远胜于内地家族企业。

在这样的印象下,一些企业家一旦谈到台资企业,就会想当然地认为台资企业制度规范,其实也不尽然。

很多台资企业往往把某些特殊情况的处理方法叫作"专案处理法"。所谓"专案处理法"就是指假设某个部门经理在工作中遇到一些特殊情况时,该部门经理可以不按照所在企业的正规制度和运作流程来处理该事务。

也就是说,鼓励部门经理可以不通过正常渠道,以最便捷的方式和最快的速度来处理该事务。

然而，在很多台资企业中，什么是“特殊情况”却没有一个统一的、较为明确的界定。而作为部门经理，可以决定是否把某一件事情作为“特殊情况”来对待。

而“专案处理法”就形成了一种惯例。在实际的管理中，很多部门经理往往就会把很多本来属于正常情况的例行工作也当作“特殊情况”来“专案处理”了。

2008年，笔者在给江苏昆山一家台资企业D公司做内训时发现了这个问题。在D公司每周的例会上，来参加公司例会的部门经理中，几乎有30%的工作项目都是靠“专案处理”方式加以处理的，而D公司制定得较为完备的正规制度却形同虚设。

其实，在台资企业中，企业老板受传统文化中的轻视制度、偏重主观的影响，在很多时候使得制度形同虚设，而在欧美西方国家的企业中则根本不存在“专案处理”。

然而遗憾的是，像“专案处理”这样的做法在家族企业中非常普遍。比如在正式的生产计划会、营销计划会和采购计划会上形成了决议，老板也在正式决议文件上签了字，决议文件也通过正常渠道正式下达。但过了几天之后，老板又会悄悄叫来部门经理，让部门经理按另一套做法行事，其做法与正式会议决议完全相反。新安排作出之后也不在正式会议上宣布，等到新的安排执行了一段时间之后，大部分公司员工才发现原先正式会议上形成的决议完全没有执行。

第四节　制度形同虚设的三大因素

造成家族企业制度形同虚设的罪魁祸首往往是老板。在很多家族企业中，家族企业经营者往往都有一种出尔反尔、心无定性的癖好。

在一些规模较大的家族企业中，老板总是偏爱在正式决议之外，重新搞一套方案，而且这个方案又只有少数几个家族成员知道。

由于大部分部门经理都是非家族成员，所以很多时候都被蒙在鼓里。在这样的体系下，家族企业同时存在着两套决策运作系统：一套是正式的，一套是非正式的、秘密的，这也就不足为奇了。

这就是让很多非家族成员想不明白家族企业为什么在实际运作中，企业老板会采取非公开的、不可捉摸的、不可预见的、非程序化的、黑箱操作的和非理性的方案的原因。

家族企业经营者采取这样一种经营管理风格，无疑导致了非家族成员里的中高层干部不再相信老板在企业正式会议上作出的任何决定。

这就可能会出现“甲经理今天这样请示，老板同意了；乙经理明天又就同一问题提出相反的建议，老板觉得有道理，于是也同意了”的问题。

甲、乙两个经理在工作中都得到老板的尚方宝剑，处理方案却截然相反。这就可能引发诸多的问题，从而阻碍了正常的工作。

研究发现，在中国家族企业中，无论是一线员工、中层经理，还是家族企业经营者本人，都十分缺乏制度意识。但在公开场合谈起制度时，无论是一线员工、中层经理，还是家族企业经营者本人都振振有词地表示支持，但是一旦要真正地将制度落到实处时，尤其是其本人成为制度处罚的对象时，自身又很快成为制度执行的最大障碍。因此，作为家族企业经营者，要想改变制度形同虚设的局面，就必须克服以下三大障碍。

(1) 中国传统文化中的人治倾向。特别是有些家族企业创始人受中国传统文化的影响较深，因而在实际的管理中往往会实行人治而非法治。

(2) 盲目西化，把必要的制度全部取消。在很多企业中，有些家族企业创始人往往喜欢采用不合适自身企业实际的西化管理模式——盲目模仿西方某些企业的“人性化管理”和“以人为本”，从而把必要的企业规章制度全部取消。

（3）制度缺少可操作性。有些家族企业创始人在制定制度时，由于过于匆忙，没有充分考虑制度的可操作性，结果导致所制定的制度不具体、不全面、不可行。

不可否认，家族企业制度形同虚设的最主要原因是家族企业创始人或老板不够重视制度的建设和执行，有时也不排除有些家族企业管理制度本身制定时只考虑当时的管理需要，而没有考虑家族企业以后的发展和壮大。当然，制度形同虚设的原因是多方面的。有的家族企业的制度完全照搬其他企业，根本不管是否适用于本企业的具体情况；很多制度颁布执行之前，未与相关人员进行深入讨论，未找出不完善之处加以改进，而是匆匆制订、匆匆颁布，就像“百日维新”时期的新政一样，最后又匆匆收场。这样的制度制定值得家族企业创始人深思。

第五章
财务报表睡大觉——财务紊乱，资金断流

全国工商联对21个城市的民营企业抽样调查表明，有40％的企业主看不懂财务报表，45％的企业没有自己的科研开发人员，企业生产经营的信息主要靠买方和传媒提供。

从全国工商联的数据中不难看出，在中国目前的很多企业中，普遍存在的情况是老总不懂财务，而在投资过程中也往往采取经验主义，这也就在无形中阻碍了中小企业的发展和壮大。

事实上，在中小企业中，老板不是技术出身，就是营销出身，但很少是财务出身。因此，如何让非财务出身的老板们看懂财务分析数据，更多地了解财务工作，就成为家族企业经营者们面临的新课题。

上海新海天航运有限公司财务部经理顾晓强调："针对经济活动中的不确定性因素，这就要求在会计核算处理上持谨慎小心的态度，要充分估计到风险和损失，尽量少计或不计可能发生的收益，使会计信息使用者、决策者保持警惕，以应付纷繁复杂的外部经济环境的变化，把风险损失缩小或限制在较小的范围内。"

第一节　不懂财务造成项目风险失控

在中国大陆地区，由于遍地都是机会，一些中小家族企业经营者

总是在扩张。然而，一些中小家族企业因为老板的盲目扩张而灰飞烟灭。经过对众多中小家族企业的研究后发现，在寻求发展的过程中，中小家族企业常犯以下两个错误：

(1) 将营运资金大量用于固定资产投资。由于中小家族企业日常的营运资金周转一般都比较紧张，当中国经济形势持续保持上升时，将营运资金大量用于固定资产投资就可能实现较丰厚的利润积累。但是，一旦遭遇世界性的经济危机，那么中小企业就会遭遇毁灭性的打击。

(2) 分散投资，即多样化投资。在中小家族企业发展的过程中，一些企业老板为了避免产品单一情况下过大的经营风险，力图通过多样化投资和多元化经营分散风险。然而，分散投资很容易导致原有经营项目的营运资金周转困难，而新的投资项目又不能马上形成规模，难以形成竞争优势[①]。

要想规避上述两个错误，中小家族企业经营者在进行新的固定资产投资或多样化投资之前，必须首先筹措必要的长期资本，以确保原有经营项目营运资金周转不因新的投资受到影响[②]。否则，就可能陷入万劫不复的境地。

回顾中国家族企业失败的案例，很容易发现一系列现象，就是盲目冒进、多元化投资、拆东墙补西墙等。其实，深层次的原因就是这些企业的领导人不懂财务。“巨人”失败后，史玉柱总结自己的失败教训时强调，自己最大的失误，就在于不懂财务，失去了对风险的控制。

事实也证明了这个论点，那就是中国家族企业创始人很少有人懂财务，他们只知道战略，不知道具体的资金流向，从而在快速扩张的道路中，由于资金链的断裂导致企业死亡。

---

①② 章振东.试论中小企业财务管理现状、成因及对策[J].湖南财经高等专科学校学报，2004(1).

在20世纪90年代末期至21世纪初期，陈川东可是重庆餐饮界一个“教父式”的人物。当很多创业者带着悲喜交加的思绪再次提到陈川东首次完美地将川粤两大菜系结合的创举，再次提到曾经让百事可乐都“心生妒忌”的陈川粤系列饮料，再次提到陈川东那一度风光无限的陈川粤大酒楼时，都会情不自禁地感慨万千。而今，各地陈川粤大酒楼这艘“美食航母”已经坠入深海，早已销声匿迹的“火锅爽”系列饮料与“火锅热”形成非常鲜明的对比。而陈川东本人也早已不再是重庆餐饮商会会长、重庆市火锅协会副会长、渝中区餐饮协会会长了。

可以说陈川东是中国改革开放中一位出色的企业家，尽管他以失败的方式出现在本书的案例中，但是陈川东敢想敢干、勇于创新的企业家精神还是能激发中国家族企业诸多创始人的实干热情。

1992年春天，原为政府官员的陈川东在下海的大潮中创业了，由于没有启动资金，陈川东向亲戚和朋友借了5 000元现金，下海担任了广州“小洞天”川菜酒楼的经理。

让陈川东没有想到的是，“小洞天”川菜酒楼开门营业还不到一个月便食客盈门。当然，“小洞天”川菜酒楼要想在广州经营下去，面临的困难依然很大。在广州，粤菜菜品用料高档、做工考究。当食客有着这样的偏好时，无疑极大地影响了“小洞天”的经营。为摆脱困境，陈川东就大胆尝试在自己的川菜馆中配用粤菜的原料，这样不仅提高了“小洞天”川菜酒楼菜品的档次，更重要的是还融合了广东传统饮食的口味。

陈川东经过一段时间的探索，将川菜、粤菜的优势结合在一起，在餐饮界形成了自己独特的风格，不仅赢得了四川和广东消费者的认可，同时还为中国餐饮业创造了一个川粤合璧的新派菜系。

随着办酒店的经验越来越成熟，陈川东名气越来越大。1993年，他在广州创立了川粤大酒楼，推出一系列川料粤吃、粤料川做的新派川菜。当年冬天，广州川粤大酒楼经众多美食家评选，荣获广东名店美食金奖。

1994年，陈川东受重庆市各级领导盛情邀请，落户重庆银河宾馆，创办重庆川粤大酒楼。重庆川粤大酒楼营业面积1 200多平方米，开业后，生意一直火爆，被新闻媒体称为“川粤现象”。

1996年，陈川东乘胜前进，又投资2 000多万元，在位于北京市西二环阜城门附近的四川大厦开办北京陈川粤大酒楼。据说是当时北京著名的高档饮食场所之一，其生意异常火爆。

经过十余年商海征战，陈川东不仅拥有北京、广东、四川、重庆等地的陈川粤大酒楼，甚至还把陈川粤大酒楼开到万里之外的美国。首创“川粤合璧，金牌美食”的陈川东，以其敏锐的洞察力分析餐饮业的发展趋势。从此，川粤饮食集团改名为陈川粤集团。

在陈川东的企业帝国中，不仅有餐饮，而且还经营饮料业。在当时，陈川粤经营的饮料曾经畅销西南市场，连可乐饮料业巨头可口可乐和百事可乐都不敢小视。

此时，陈川粤大酒楼终于成为中国餐饮行业的一匹黑马，不仅受到消费者的青睐，更引起了众多投资者的关注并寻求合作。这其中就包括重庆群鹰商场的管理者——重庆夫子池物业公司。

重庆夫子池物业公司寻求与陈川东的合作，主要是因为若干位雄心勃勃的投资者在群鹰商场巨资经营保龄球馆、百货、酒楼、皮具商场等都以失败告终。其实，群鹰商场的地理位置位于重庆商业中心——解放碑步行街的西街口，可以说是一个寸土寸金的黄金位置。

为了改变过去屡战屡败的局面，夫子池物业公司想凭借与陈川东的合作，打造一个商业航母。在与陈川东的合作中，夫子池物业公司以1.59亿元的价钱将群鹰商场10年产权转让给陈川东。

而此时的陈川东也希望借助群鹰商场这样一个大型美食大厦将其打造成为陈氏餐饮帝国的旗舰店。于是，陈川东答应了夫子池物业公司提出的条件。在剔除合同中一些其他因素外，陈川东实际支付给夫子池物业公司的房租款为1.3亿元。

陈川东之所以答应夫子池物业公司的条件，是因为：

第一，在1999年，该商场的评估市值为2.26亿元，如果把陈川粤美食大厦全部装修后，该大厦的评估值绝对不会少于2.5亿元。所以，陈川东认为，按最保守计算，大厦仅地产部分10年增值就至少可达1亿元以上。

第二，陈川东根据自己实战多年的商业经验认为，只要陈川粤美食大厦正常营业，即使最坏的结果，即每年陈川粤美食大厦亏损两三百万元，自己在10年中仍然可以从该大厦中赢利数千万元，在陈川东的算盘中，承租群鹰商场绝对是一个只赚不赔的项目。

第三，陈川东承租群鹰商场的目的，就是凭借陈川粤美食大厦提高其在全国餐饮界中的地位，以重庆为中心，为陈川粤在全国各地拓展连锁店打下坚实的基础。

第四，从陈川粤的财务状况上看，10年支付给群鹰商场承租款1.59亿元的付款计划，每年只需要支付1 000余万元就可以了，这样的发展战略相对还是较为稳健的。而部分银行听到陈川东购买群鹰大厦10年的产权后，表示可以先期贷给陈川东2 000万元；而租赁设备的合作者也表示，只要陈川粤美食大厦正常营业，愿意以500万元的价格把设备租赁给陈川东。在这样的情况下，陈川东更是信心百倍。

然而，意想不到的情况却还是发生了。

第一，当装修队进驻群鹰商场的同时，陈川东就已经着手对招聘的 300 余名员工进行岗位培训，按照陈川东的部署，一旦陈川粤美食大厦装修完毕就可以立即开业。但是，让陈川东没有想到的是，陈川粤美食大厦不只是一个简单的装修问题，仅消防管网的改造就花费了 400 余万元，而这 400 余万元额外的支出完全是预算之外的。

另外，由于装修不能按时完成，无疑影响了陈川粤美食大厦的开业时间，仅每月员工工资就达数十万元。而增加的员工工资同样也是预算之外的。

第三，当陈川东正式接手群鹰商场后，群鹰商场隐藏的其他问题也就显现出来。原群鹰商场最后一位投资者在经营商场期间，拖欠了供货商大量货款。当陈川东承租了群鹰大厦后，供货商便找陈川东索要货款。当陈川东拒绝了供货商的要求后，有些供货商就向法院提起诉讼，要求支付货款，而法院依法查封了群鹰商场。当法院启封群鹰商场时，已经又过了几个月了，陈川东又不得不多花一笔额外的支出。

第四，先前承诺贷款 2 000 万元给陈川东的银行工作人员也改口了。而答应以 500 万元把设备租赁给陈川东的合作者表示自己已经转行，没法提供设备了。

而此刻的陈川东已是进退两难，不得不大量挪用各地陈川粤大酒楼和陈川粤饮料厂的利润来填补陈川粤美食大厦的资金短缺，大量抽资使得各地陈川粤酒楼和饮料厂的流动资金链几乎断裂，严重影响了各地陈川粤酒楼和饮料厂的正常经营与生产。

陈川东这样拆东墙补西墙的做法使得陈川粤集团陷入了一

个非常可怕的恶性循环。

现状大大超出了陈川东当初的规划。按照规划，群鹰商场地下一层将改为一个具有星级的大型停车场，群鹰商场的第一层将改为百货超市，第二层改为小吃城，第三层改为洋快餐厅，第四层改为大酒楼。

在非常艰难的情况下，陈川东费了九牛二虎之力才装修好群鹰商场的第一、第二层——百货超市、中华名小吃城正式开业。

尽管群鹰商场百货超市已经开业，但是与群鹰商场一街之隔的重庆百货和新世纪商场把群鹰商场当作自己最大的竞争对手，于是警告供货商，谁要是向陈川粤供货，就将其从重庆百货和新世纪商场清理出场。

面对重庆百货和新世纪两个重庆商业巨头的警告，供货商只好服从。这就让陈川粤百货超市陷入了无货可卖的境地。

在这样的情况下，陈川东不得不从重庆百货和新世纪采购。为了招揽顾客，陈川粤百货超市又采用比重庆百货和新世纪更低的价格促销。

而重庆百货和新世纪也在陈川粤百货超市开业促销的时候，也降价促销，而且降幅比陈川粤百货超市更大。仅仅过了两个月，陈川粤百货超市就再也挺不住了，陈川东被迫将百货超市出让给新世纪。尽管第二层的中华名小吃城已经营业，但是第三层正在装修，噪声、灰尘整日不断，许多顾客往往是乘兴而来，败兴而归，中华名小吃城开始生意惨淡了。

面对这样的局面，陈川东不得不加快第三、第四层的装修进度。当然这样就需要抽调更多的资金。

陈川东为了给即将开业的美食大厦制造更多的商业气氛，还在报纸、电视上做了大量的广告，光广告费就花了 100 多万元。眼看着第三、第四层的装修进度顺利，但让陈川东上火的是，只需200万元第三、第四层的装修就可以全部完工了，然而，就是这最后的200万元，却卡住了陈川东的脖子。陈川东四处融资，几次上当受骗，将陈川粤的最后一口气也弄断了。当美食大厦让陈川粤陷入困境时，曾经风光无限的饮料厂也因为受其影响而悲壮地倒下了。

根据媒体的报道，2002年11月，陈川粤饮料厂首先倒闭。工厂倒闭后，拖欠工人工资就达几十万元；2003年3月，由于众多供货商追讨货款，法院查封了陈川粤美食大厦，分布在各地的陈川粤大酒楼也相继倒闭。

当我们梳理了陈川粤集团的案例后发现，问题就在于陈川东在财务上的冒进，将真金白银投入谁也没有把握的未来预期盈利，而且投入大大超过能力，最后不得不拆东墙补西墙，造成陈川粤疮痍满身，后继乏力，最后油尽灯枯，仆地而亡[①]。

第二节　提升家族企业财务管理的能力

在“家族企业长盛不衰的秘诀”培训课中，有学员总是疑惑地问我：“周老师，陈川东的创业失败与不懂会计有什么关系吗？”

这其中的关联是很大的，如果陈川东要采取稳健的财务战略，那么必须懂得财务。陈川东在投资过程中，起码得制定合理的投资预算。而他凭借自身的经验，就采取了激进的财务战略，结果使得陈川粤集团这艘航母搁浅。

毋庸置疑，只有看得懂财务分析报表，才能知道企业可支配的资

① 《科学投资》编辑部.中国民营企业之“死”[J].科学投资，2003(11).

金数量，特别是老板在制定激进财务战略时可以依据财务分析报表而决定是否实施。因此，对于那些不懂财务的家族企业创始人而言，要避免他们盲目采取激进财务战略，最好能让他们知道企业资金的具体流向，这就必须建立一个内部管控制度，依据扁平化管理原则来执行。

当然，扁平化管理从内部管控层面上讲，就是管控模式选择和主要业务流程构建的过程。加强企业的内部控制是扁平化管理的题中应有之义。虽然有些企业采取了控股公司的组织架构，但缺乏驾驭大规模资产的能力，管控手段较为单一，自然也就无从谈起系统的内部管控。企业集团严重缺乏有效的内部控制，尤其是“事前控制”。因此，伴随着企业管理层次的扁平化，亟须建立一整套的内部管控制度，使扁平化管理有章可循，避免“事后诸葛亮”现象。

纵观国内外成功企业的管控模式，基本上可以分为三类：财务管控模式、战略管控模式与经营管控模式。不同的管控模式具有不同的管控特征和管控重点。

因此，要想避免很多家族企业创始人盲目采取财务激进战略，就必须建立一套内部管控制度，对于那些激进的财务预算就更应该谨慎。

家族企业创始人如何才能避免盲目地实施激进的财务战略，方法有以下几个：

第一，规范企业的财务管理有利于避免家族企业创始人盲目实施激进的财务战略。要想避免家族企业创始人盲目实施激进的财务战略，摆在家族企业创始人面前的一道必须跨过去的难关便是规范化的财务管理，其实，这对上市公司，或者欧美国家的企业来说已经不是什么问题了，但是，在中国特殊的国情下，混乱的财务管理制度依然存在，特别是中国家族企业较多的浙江、广东、江苏、福建等省，往往丈夫是董事长兼总经理，妻子是会计总监兼出纳，甚至很多职位都由一个人来担任。财务管理本身的作用并未发挥出来，所以，规范的企业管理就势在必行，特别是规范企业的财务管理更应该及早完成。

第二，强化以现金流为核心的企业财务管理，从而提升家族企业的抗风险能力。对于家族企业来说，不管是采取积极的财务战略，还是稳健的财务战略，都必须保证家族企业的生存和发展，这才是企业创始人的首要任务。家族企业要生存和发展，就必须保证现金流足以维持生产经营所需。在满足家族企业正常经营的基础之上，如果还有更多充裕的现金流，就可以通过加大技术创新和品牌建设的投入，或者进行并购重组等手段，实现家族企业的战略转型和扩张。而这要求家族企业创始人具备财务风险管理的意识和能力。事实证明，很多家族企业创始人受个人认识和能力所限，不可能自发地加强财务风险管理，这就造成了很多企业在盲目投资中因现金流不足以支撑扩张而倒闭。

第三，提升家族企业财务管理的能力，从而完善和健全家族企业的财务制度管理。从中国家族企业的现状来看，仍然有相当大比例的家族企业存在财务管理粗放等诸多问题，特别是众多中小家族企业对外部条件引发的财务问题缺乏相应的分析和应对能力。

事实上，财务管理被诸多家族企业创始人误解，在他们的意识中，财务管理就是简单的记账做账。事实上，企业财务管理涵盖的方面非常多，包括资金筹集、资产营运、成本控制、收益分配、信息管理、财务监督等方面。家族企业创始人如何提升家族企业财务管理的能力呢？可以从以下三个方面着手：

（1）制定实施财务战略，及时调整发展方向。家族企业创始人应当分析目前市场中的产业状态，结合近年来企业经营发展和财务管理情况，理清经营思路，明确家族企业发展方向，从而加强家族企业的财务战略管理。

(2) 完善内部财务制度,健全财务运行机制。通过成文的制度,确保财务管理贯穿家族企业的各个业务,并健全财务决策、财务控制、财务激励与财务监督机制,有效控制家族企业的财务风险。

(3) 培养财务管理人才,加强风险管理的人才保障。财务管理工作的专业性、政策性较强,优秀的财务管理人员既要掌握国家相关财政、财务、金融、税收、资产管理等政策法规,又要熟悉企业的业务流程,具备丰富的实践经验和敬业精神。

毋庸置疑,加强家族企业财务管理不仅能更好地提升家族企业的投资管理水平,而且还能实现家族企业的财务管理升级,从而更加有效地帮助家族企业应对全球金融危机,化解财务风险,最终实现可持续发展。

事实上,规范化的财务管理不仅能为家族企业科学的投资决策提供有力的数据支持,而且还能为家族企业做出稳健的扩张决策提供有力的、科学的帮助,特别是对激进的企业扩张起到预警的作用。如果家族企业财务管理不规范,甚至可有可无,那么这个家族企业在扩张中将遇到难以避免的陷阱,最终因为现金流断裂而倒闭。

第六章
目标不切合实际——“我们 5 年内进入世界 500 强”

在接触家族企业时发现，一些老板总是向笔者提及“在两年之内公司进入中国 500 强，在 5 年之内公司进入世界 500 强”的宏伟目标。

然而，在没有根据和实力的情况下给企业制定不切合实际的宏伟目标，这样的行为是危险的。对此，巨人集团创始人史玉柱在失败后反思说：“我后来发现定宏伟的目标是很可怕的，必然会违背经济规律，会让自己浮躁，让企业大跃进。”

其实，史玉柱只是一个个案而已，在中国这样的案例不胜枚举。在中国家族企业中，有很多是因为家族企业创始人给企业制定不切合实际的宏伟目标之后，由于资金链断裂而导致企业轰然倒下。

第一节 不切实际的宏伟目标非常危险

人无远虑，必有近忧，对于任何一个家族企业经营者而言，这个道理同样适用。因此，要想使得家族企业生存和发展下去，企业老板们必须根据家族企业的实际状况制定合理的近期和长远目标，与适合家族企业自身发展的文化理念和经营管理理念相一致。

然而遗憾的是，一些中小企业老板在制定目标时，总是好高骛远，不是提出要进入世界500强，就是提出3年做成“中国沃尔玛”。众所周知，巨人集团的倒塌就是为“宏伟目标”所累。

在一次访谈中，史玉柱说：“我后来发现定宏伟的目标是很可怕的，必然会违背经济规律，会让自己浮躁，让企业大跃进。”

在史玉柱看来，只有制定符合企业实际的目标，才能保证企业的生存和发展。一旦制定的目标过于宏伟，甚至不切实际，那么必然会酿成一个巨大的悲剧。可以肯定地说，只有制定切合实际的目标，才能成就一个企业的未来。

在1997年史玉柱遭遇第一次失败以前，不切实际的宏伟目标时刻都是有的。在当时，史玉柱非常热衷于制定宏伟的收入目标。史玉柱回忆说：“对自己任何一个时间都定了一个目标，一个很宏伟的收入目标。”

史玉柱制定宏伟的收入目标的依据是：“企业有几种，一是安定的；二是追求眼前利润的；三是追求长期利润的；四是（既）追求长期利润（又追求）社会效益和规模效应，这种企业是三者相互推动，社会效益和经济效益存在着必然的联系。”

对于高歌猛进的史玉柱而言，自己期望的巨人集团，显然属于第四种企业。为了实现自己的愿景，史玉柱为巨人集团制定了一个非常宏伟的目标——“百亿计划”。

在这个“百亿计划”中，史玉柱的期望是，在1996年，巨人集团产值要达到50亿元；在1997年，巨人集团产值要完成100亿元。

在史玉柱看来，一年一大步，一年上一个新台阶的“百亿计划”可以让巨人集团成为东方的“IBM”。据资料显示，在制定“百亿计划”之前，史玉柱制定的目标是，在2000年，巨人集团的企业资产超过百亿元。

在“百亿计划”制定之后的1995年，史玉柱为了配合这个宏伟而庞大的近似于神话般的“百亿计划”，启动了“三级火箭”，把巨人集团研发的12种保健品、10种药品、十几款软件等产品一起推向市场，同时为配合产品的推出，共投放了1亿元的广告。史玉柱提出，要在一个很短的时间里把企业迅速做大，超过首钢和宝钢。

资料显示，史玉柱启动的“三级火箭”，其实就是一个为了完成“百亿计划”而制定的实施步骤。在启动的“三级火箭”中规定：

(1) 在整个“三级火箭”中，“第一级火箭”实际上就是巨人集团第一年的一个发展规划。这个发展规划的具体实施方案是：巨人集团主要以“脑黄金”进行市场导入和测试，同时培训和锻炼巨人集团的队伍。当然，史玉柱有自己的盘算，这取决于巨人集团第一阶段的成功。事实上，作为初期成功转型的巨人集团已经证明了在保健品行业的实力。为了完成“百亿计划”，仍然需要积累更多经验和扩大、培训及锻炼队伍，这样才能保证巨人集团的品牌影响力顺利地从电脑产品延伸到保健品上面来。

(2) 在这个“三级火箭”中，第二年非常关键，因为这是“三级火箭”的第二级。不仅关乎“百亿计划”的完成，而且还将影响着巨人集团未来的生存和发展。在史玉柱看来，“三级火箭”的第二级的目标是，在第二年，巨人集团将实施“规模化”的发展战略。第二级阶段的主要任务是，扩大巨人集团的产品规模和市场营销规模。为了完成这一攻坚阶段的目标，史玉柱把速度作为巨人集团的重点。史玉柱要求，巨人集团的保健品产品规模应尽可能做到像日化巨头宝洁那样拥有大而全的事业部。

(3)“三级火箭”的第三级就是第三年的发展规划。在史玉柱的规划中，巨人集团的未来发展，首先是实现“没有工厂的实业，没有店铺的商业”，对第二级的计划进行体系上的规范和完善，整个体系良性运作；其次是要进入连锁经营领域；最后是要进入资源领域。

从中可以看出，史玉柱希望凭借自己的“三级火箭”理论将巨人集团打造成一个类似世界500强、日化品巨头宝洁那样经营品牌的企业。巨人集团经营一系列产品，但这些产品并不是巨人集团自己生产，而是由其他的企业做代工，即“没有工厂的实业，没有店铺的商业”集团，在渠道建设方面形成了以传销和连锁两种方式为主导的网络。

在实际的运作中，史玉柱把原计划6年才可能完成的计划压缩到3年之内完成；在实施步骤上，把三步当成了两步走(把“第一级火箭”和“第二级火箭”一起实施，在1995年全面启动)。

遗憾的是，在“三级火箭”理论和巨人集团的现有资源上，史玉柱没有把握住均衡，目标与现实之间的差距实在太远。过度地追求目标，以求快速地发展，在刚学会走的时候，就想要跑，其结果就只能是“跌倒”①。

第二节　制定切合实际的业绩目标最为重要

研究发现，国内绝大多数家族企业经营者在制定年度、中长期目标，或者在制定年度业绩目标时，通常都是不按照实际情况，而是很

① 徐宪江.富人不说，穷人不懂：50位亿万富豪白手起家的赚钱哲学[M].苏州：古吴轩出版社，2011.

随意地“拍着脑袋”想目标。

在这样的背景下制定目标无疑源于中国的某些特色。在一些规模较小的民营企业中，企业老板通常是在制定目标时“拍大脑袋”，而各级领导层层加码后“拍小脑袋”，各级部下“拍胸脯”，用这种“拍”的方法制定下年度目标。通常精明的老板考虑的问题有三个方面：一是爱面子，将宏伟目标给同行看，给员工看，借以提升团队士气；其二是给团队加压力，其三是作为克扣员工工资的伏笔。

在拍脑袋定目标的情况下，基本没有什么讨论的余地，都是由老板确定了基调，然后层层加码层层分解，最后再与工资奖金提升挂钩。采用这种方法制定业绩目标的企业往往是成长型的民营中小企业[①]。

事实证明，如果家族企业经营者制定的目标不合理，或者不切合实际，那么这样的家族企业永远也不可能成为世界上最伟大的公司。因此，对于家族企业经营者来说，制定切合实际的业绩目标是最为重要的，是其评估自身领导能力的一个标准。

研究发现，善于制定切合实际的业绩目标，不仅体现了一个企业老板的管理水平，同时也是能够将企业做强做大的一个重要能力体现。当家族企业经营者在制定目标时，他必须根据家族企业的实际情况出发，正确评估目标与企业自身的现实有多大的距离，只有这样才有可能实现自己制定的目标。

2011 年年初，为了追赶竞争者，G 家电连锁公司总经理陈亮大胆地提出了“三年超苏宁，五年超国美”的计划。

当该计划提出后，G 家电连锁公司华北地区兼北京地区分

① 搜狐网.如何分解服装企业业绩目标[EB/OL].2017. http://blog.sohu.com/s/NTA2NDMzNTA/188861990.html.

公司总经理李大奎在第一时间召集运营部分管的各分店经理们。

李大奎不仅传达了G家电连锁公司总部“三年超苏宁，五年超国美”的发展计划，而且针对此计划制定了北京地区运营部2011年的工作计划：“单店销售额从原来的25％增加到75％，单店利润率从原来15％增加到30％，单店市场占有率从原来的3％增加到35％。”

在李大奎看来，要想提高市场占有率就必须保证销售额和单店利润。李大奎当场点名表扬了几个分店的经理。

之后，李大奎大声鼓励分店总理们说：“革命尚未成功，同志仍须努力。有没有信心完成集团公司总部分配给我们的任务？下面，我就请各位同仁根据各个分店的实际情况，说说2011年每个分店能够实现的单店销售额、单店利润率、单店市场占有率。”分店经理们都沉默了。

面对这样的僵局，李大奎拍桌子大声说：“我们必须完成集团公司给我们的任务，这是命令。”

一分店经理站起来很冷静地说：“2010年，我们分店边上增加了好几个竞争者，促销力度也比我们大，实力也比我们强，更致命的是，商品价格比我们要低。我敢肯定2011年的销售额不会增加3倍。”

其他各分店经理也强调目标不可能达到，这样的目标设定没有依据自身的情况。

最后，李大奎还是坚持自己的意见，到了年底，他们没有完成计划。

从上述案例可以看出，企业老板要想完成公司的业绩增长，就必须依据企业的自身情况，制定一个切合实际的业绩目标，不能天马行空，随意而行。

上述案例还警示家族企业经营者，制定任何一个业绩目标都必须切合实际，同时还要考虑业绩目标的相关性，因为目标从来都不是孤立存在的。因此，在制定目标时，要多考虑所制定的目标的可执行性，从而保证更有效地完成所制定的目标。

既然制定不切实际的宏伟目标是非常危险的，那么作为家族企业经营者该如何制定一个符合企业实际情况的目标呢？对此，业内专家指出，在制定业绩目标应考虑以下三个因素：

(1) 严密分析和掌握团队自身现状。在制定业绩目标之前，家族企业经营者应尽可能考虑和分析整个家族企业自身的情况，这些情况包括：家族企业人员的自身素质、执行力、工作态度，等等。

(2) 制定的目标应具有可执行性。在制定目标时，不能盲目随意而定，必须依据家族企业的实际情况，要求制定的目标具有可执行性。

(3) 制定几套实现目标的有效方法。如果制定的目标没有方法实现，那么这样的目标毫无价值可言。因此，在制定目标时，应同时制定几套可以实现目标的有效方法。

第七章
过于乐观——强咽吃不下的饭

纵观中国的家族企业谱，不难发现，许多中小家族企业迅速死亡的一个致命因素，就是由于家族企业创始人的盲目冒进，结果使得稳健的中小家族企业摊子铺得过大。

事实上，一些中小家族企业在创业和发展初期，由于制定的战略相对较为稳健，所以，企业的发展速度也较高，而且还非常稳健。但是，有些家族企业一旦达到了一定的规模，家族企业创始人往往就会自以为是，盲目冒进，从不听家族成员或者职业经理人的谏言，最终亲手把自己辛辛苦苦打造起来的家族企业埋葬掉。

对此问题，北京华夏圣文管理咨询公司还对中小企业做过一个调查，得出的结论非常让人惊诧，那就是有93.25%的创业者在取得第一桶金之后，会快速启动几个不关联的、比以前更大的项目，以此来推动企业的发展，最终却使现金链断裂，企业面临全面崩溃。

因此，只要创业者能够抵挡住冒进的诱惑，坚持稳健的企业战略，那么家族企业遭遇失败的几率就会小很多。在“家族企业长盛不衰的秘诀”培训课上，笔者就多次告诫许多家族企业创始人，要想将家族企业打造成百年老店，就必须克服浮躁和急功近利的心态，否则即便取得一时利润，家族企业的发展之路也不可能走得太远。

第一节　武断冒进葬送企业前程

很多中小家族企业之所以稍微上规模就摇摇欲坠，筹资越多犯错越多，最根本原因就是缺乏科学的发展战略，当取得一点业绩，其创始人就认为经营太容易，极易做出快速扩张的决策。

然而，家族企业在快速扩张时，企业创始人又不注意基础管理，盲目冒进。这种盲目冒进的悲剧数不胜数。如郑州亚细亚为了贪图一时的快速发展，盲目向银行贷款，采取以现有的企业资产抵押来贷款，再用贷款去兼并别的企业，以此循环进行，以达到迅速扩张的目的。可惜企业经营不善，后果当然就是致命的。

据说，三株药业集团吴炳新曾对史玉柱说过：“天底下黄金铺地，哪个人能够全得？一个人要学会控制自己的贪念。”

客观地讲，有些企业家的冒进，可能并非全部出于贪念，但是他们对风险控制不够，尤其是财务上的风险控制。可以说，风险控制是一个合格企业家的领导力的具体体现。在很多媒体上，我们经常看到，一些企业因为创始人的冒进而倒闭，而且企业往往都倒闭在最为辉煌之时，尤其令人可惜。

2006 年 4 月，重庆黑格集团董事长赵玖学被重庆市公安机关刑拘，黑格集团因涉嫌非法集资，土崩瓦解。

“投 1 万元进去，每个月就有 98 元的利息，一年就有 1 000 多元！”当年“黑格金界”承诺高额返租的广告，很多重庆市民记忆犹新。尽管已过去 8 年，至今许多人仍然不明白，一个如日中天、日渐强大的黑格集团，为什么在一夜之间轰然倒下。而作为连续两届当选重庆市政协委员、重庆市工商联总商会副会长的赵玖学，这颗希望之星为什么沦落到今天这步田地？黑格集团到底怎么了？

经过我们的梳理发现，跟众多的家族企业一样，黑格集团同样亡于家族企业创始人的武断冒进。这样的观点得到了重庆市一位政府官员的证实："如果赵玖学不是到处上项目，四处投资，而是投资一个项目就把它做好，黑格集团就会发展得很健康。"

从这位官员的话中不难得知，赵玖学也染上了家族企业的通病——当黑格集团取得一系列的成功之后，赵玖学头脑开始发热，利用头上笼罩的众多荣誉光环开始盲目冒进，这为黑格集团的倒闭埋下了伏笔。

根据公开报道得知，2002 年，黑格集团向外宣传说，投资1.5亿元开发建筑面积 7 万平方米的大江广场南城新街项目，该项目集商贸、娱乐、餐饮、高档社区为一体。

在大江广场南城新街项目上取得成功的赵玖学于 2003 年挥师万州，拿下地处万州高笋塘商业中心广场的一个地块。而赵玖学高调对外宣称，黑格集团将投资 4.5 亿元将 3.5 万平方米的万高国际项目打造成万州的城市名片。

出师非常顺利，赵玖学加快了冒进的步伐。在 2004 年，重庆渝中区人防工程招标租赁，赵玖学一举中标，取得 20 年租赁权。他对外宣布，黑格集团投资 1.2 亿元，将总建筑面积 2.5 万平方米的重庆渝中区人防工程建成艺术商业大街。赵玖学没有满足于在重庆圈地的欲望，把视野延伸至全国各地，在南京开发了明月港湾。

对于此刻的赵玖学而言，他已不再满足房地产的扩张运动，他又把目光转移到农业领域。2004 年，黑格集团控股重庆远大生态农业有限责任公司（以下简称远大公司），拉开了大规模进军农业领域的序曲。而控股远大公司后，黑格集团依托在南川建立的美国曼地亚红豆杉种植基地，拟在今后数年内斥资近 1

亿元建立红豆杉快繁基地和药物生产基地，开发当今世界上方兴未艾的天然抗癌良药——紫杉醇。

然而，黑格集团毕竟资源有限，不可能支撑起大规模的扩张费用。尽管如此，赵玖学并没有打算停止其冒进的做法。

在2005年8月，黑格集团又收购了重庆三达德票务有限公司。最终，盲目冒进让赵玖学尝到苦果。据一位不愿意透露姓名的黑格集团中层经理在接受媒体采访时谈道：“黑格集团的衰亡与赵玖学个人有关。他在长江商学院深造过，在作出决策时过于自信。”

重庆市总商会一位人士称：“赵玖学实际上玩的是拆东墙补西墙的把戏——首先投资一个项目，在取得预售资格后，就以高额回报为诱饵，吸收公众资金。然后，又拿着这个钱，到其他地方再投资另外一个项目，再去吸纳公众资金。如此周而复始。而这套把戏，实际上是因接连几次针对房地产行业的宏观调控，让房地产企业贷款变得日益艰难，赵玖学不得已而走的下策。”

然而，拆东墙补西墙，为黑格集团埋下了失败的种子。重庆一位房地产企业的负责人称，黑格集团错在盲目冒进，并且旗下所有项目全是需要充足资金流的商业地产项目。

招商不尽如人意，项目销售周期不畅，导致黑格集团资金不能正常运转，资金链越绷越紧。据称，赵玖学曾经期望从银行贷款救急，建设万高国际，却未能成功，最终导致资金链断裂。

在万高国际，一位谭姓业主在接受媒体采访时称，在黑格集团夸大其词的宣传攻势下，自己在2004年4月斥资20万元购买了一个8平方米的商铺门面。

2005年7月，谭姓业主与黑格集团签订了返租五年的协议，黑格集团承诺每年给其8%的回报。在这样高额返租的诱惑下，1 000多个商户购买了黑格集团打造的万高国际商铺门面，总计金额可能有上亿元。

不仅如此，黑格集团还将万高国际4—7层的大商场分割成许许多多小商铺，同样以高额返租为诱饵，对外出售开间的收益权。

当然，只要按照合同约定的时间交付使用，那么业主也不会大批地找黑格集团。业主在购买商铺前，黑格集团在合同上承诺万高国际将于2005年5月30日竣工，然而实际上万高国际却迟迟不能交付使用。于是，一些业主主动去找黑格集团交涉，而黑格集团采取拖延战术。刚开始，黑格集团的高层人士答复业主，万高国际于2005年7月竣工，后又推说要到2005年9月竣工，最后称在2005年12月24日一定可以全面交付使用。

然而遗憾的是，在2005年12月24日，万高国际只有地下一层装修好，1—3层装修了一半，4—7层根本就没有装修。业主们于是坐不住了，不停地向黑格集团发难。最终黑格集团因资金链断裂而崩溃。

在企业经营中，必须遵循产业经济发展的基本规律，哪怕是中国目前最热的房地产业也不例外。在本案例中，赵玖学的失败源于其取得一点成功之后，就开始盲目冒进，从而使得黑格集团轰然倒下。

第二节　上新项目时存在的潜在风险

对于家族企业创始人来说，当家族企业发展到一定的规模后，就应该摒弃急功近利的投资行为。但是遗憾的是，很多家族企业创始人在取得一点成绩之后就开始“大干起来”，其失败也是情理之中的事情。

这就要求家族企业创始人在投资新项目时要全面考察，尽可能做到稳中求胜。家族企业创始人必须明白，家族企业上新项目容易，但是上新项目后“避险”就非常艰难了，特别是很多新项目并非坦途一片，在上新项目的决策制定、实施以及上新项目后的管理过程中，稍有不慎，便可能埋下种种风险，致使企业陷入进退两难的泥潭。因此，家族企业创始人必须高度警惕可能存在的风险，加强防范，有效规避，确保达到扩张的预期目的。

当然，当企业达到一定规模，并不是说一定不能上新项目，以上只是告诫家族企业创始人在上新项目时更需要理性，切不可贪多求快，盲目扩张。需统筹规划，防患于未然。对此，资深管理专家告诫家族企业创始人，企业上新项目时通常会有以下几个潜在风险：

(1) 盲目上马新项目，忽视供求规律。有的家族企业创始人盲目跟风模仿，见到什么产品比较热销，不做市场分析，不对自身企业做研究，就盲目增投资，上项目。当产品上市时，可能该产品已由畅销转向积压，价格由上涨变为下跌。因此，家族企业创始人忽视市场供求规律，盲目扩张求大，最终将会难逃赔本甚至破产的结局。

(2) 调研不充分，信息不对称。在很多投资过程中，家族企业创始人都深受信息不对称之困扰。特别是上马新项目，由于前期调研不够，加上对新项目的投资回报估计不准确而引起风险等。信息不对称，就像一把悬梁之剑，随时可能对上马新项目带来致命伤害。

(3) 财务安排，隐患重重。再好的新项目，若没有充足的资金支持，也只能是无源之水，无本之木。上马新项目会同时对资金规模和资金结构产生新的需求。家族企业自有资金常常不能完全满足上马新项目的需要，高负债运营、短贷长投现象时有发生，一旦资金链断裂，家族企业便将陷入严重的经营危机。

(4) 有进无退，志在必得。上马新项目的热情来得快，降温难，赌性强，理性弱。一旦决策，便全然不顾外界的风吹草动，即便遇到很大的风险和障碍，也志在必得，决不回头。家族企业创始人在上马新项目过程中，一些突发性因素的出现常常使得上马新项目的征途变得扑朔迷离。这样的投资决策势必导致上马新项目的经济性降低、不确定性加大，乃至影响企业的正常运营。

（5）管理能力虚脱，上马新项目拖垮企业。有的家族企业创始人忽视自身的资源基础，盲目高估自身的管理能力，在一个领域取得了成功，便认为可以无所不能。狂热地铺摊子，上项目，结果企业是扩张了，但管理失控了，整个企业也被拖垮了。企业扩张须量力而行，注意控制发展阶段、发展规模、发展速度和管理能力的协调与匹配。

第八章
偷税漏税，国家税收不偷白不偷

在中国一些家族企业中，四套账的做法已经成为公开的秘密——给银行的是一套账，目的是为了贷到更多的银行贷款；给工商税务的是一套账，目的是为了逃税偷税；给风投看的是一套账，目的是为了得到更多的融资；给自己的是一套账，目的是为了能准确知道企业的经营状况。有的家族企业甚至还有五套账、六套账、七套账。

从这些家族企业的做法可以看到，家族企业的一些经营者，偷税漏税、国家税收不偷白不偷的意识依然严重，殊不知，逃税漏税必将付出惨重的代价。

在很多场合，一些家族企业经营者抱怨说，由于税负过于沉重，不偷税漏税就无法正常经营。然而，在中国数千年的商业历史上，很多延续数百年的家族企业在家训或者堂训中把社会责任、诚信作为经商的根本，从侧面可以印证税负沉重就偷税漏税的说法是荒谬的。

第一节　偷税漏税必将付出惨重代价

众所周知，对于任何一个要想做到久而不倒的家族企业而言，照章纳税不仅仅是企业的义务和责任，更是一种远见卓识的战略决策，同时还是诚信的具体表现。

在顾客眼中，如果一个企业偷税漏税，那么，顾客就有理由质疑，连国家税收都敢偷逃，对顾客的承诺注定不可能兑现。在顾客的意识中，照章纳税是诸多家族企业实力和经营业绩的体现，凡是纳税先进企业，无疑在消费者心中树立了诚实可信的良好形象。

事实证明，一个有战略眼光的家族企业创始人，是绝不会在国家税收这个问题上打折扣的，通常是按时、足额纳税，其目的是使家族企业兴旺发达。因此，管理专家撰文指出："尽管我国税收环境正在发生质的变化，如果再用旧思维来看待税收，教训可能会很惨重，家族企业应该抛弃做假账的思想，尽量利用税收筹划，合法经营才是家族企业基业长青和永续经营的前提。"

然而遗憾的是，偷税漏税是一些家族企业创始人增加利润的惯用伎俩，但是很多家族企业创始人因为偷税漏税，不仅没能给自己苦心经营多年的企业带来一丝好处，反而最终毁掉了企业。

因此在这里要告诫家族企业创始人的是，照章纳税不仅是企业应尽的义务，还是企业必须承担的社会责任。有些家族企业创始人挖空心思逃税、漏税，无视税法。在这部分人的意识中，税收是上缴给国家的，能漏就漏，能逃就逃。这种行为一旦被税务稽查查获，那么不仅将使企业付出惨重的代价，自己甚至还会遭受牢狱之灾。我们不妨从一个真实的案例开始谈起。

2002年年初，震惊全国、当时最大的偷税案件——犯罪嫌疑人偷逃税金额近2亿元的广州市普耀通讯器材有限公司（以下简称普耀公司）虚开增值税专用发票，涉嫌偷税案宣告侦破。尔后，普耀公司负责人施争辉被警方逮捕。

据检方介绍，施争辉利用普耀公司名下的广州、北京、上海等地的数家公司偷逃税款。具体做法是，这些公司通过账外经营、设立内外两套账、销售不开具发票或以收据代替发票等方式大量偷逃税款。

据了解，在1996年年初，香港商人施争辉出资在广州市成立了普耀通讯器材有限公司，由江少丽负责会计工作。

为了销售没有合法来源的手机，施争辉分别与位于深圳、汕头等地的不法厂商老板协商，由这些厂商为普耀公司提供和虚开增值税专用发票，施争辉则按照一定的比例给这些不法厂商老板支付相应的增值税专用发票开票手续费。

1996年4月至1997年11月，时任普耀公司会计的江少丽多次将增值税专用发票开票详细资料通过传真、电话等方式提供给位于深圳、汕头等地的不法厂商老板，让其为普耀公司虚开增值税专用发票。

不法厂商虚开增值税专用发票248份，作为税款抵扣凭证，价税合计达1.9亿元，其中价款1.6亿元，共抵扣税款达2 805多万元。经税务机关鉴定，其开具的发票多数为伪造的增值税专用发票。

办案民警在接受媒体采访时介绍说，在1998年4月之前，公安机关没有介入施争辉偷税案，最初是因为广州市工商局在执法过程中发现普耀公司销售了3万台无法提供合法来源证明的手机，于是广州市工商局对普耀公司进行查处，将这些没有合法来源的手机进行拍卖。

被查处的普耀公司不服广州市工商局的处罚，尔后提起了行政复议。在此期间，普耀公司还利用非法渠道得到一批手机的销售发票，以此来证明被广州市工商局查处的3万台手机的合法来源。

然而，细心的广州市工商局工作人员经过认真查证发现，普耀公司提供的手机销售发票上所注明的号码与手机机身号码并不一致,因为普耀公司无法提供3万台手机的合法来源,于是这些手机被依法查扣。而后,普耀公司也就停止经营。

就这样,公安机关介入了施争辉偷税案。同时广东省检察院根据群众举报,察觉到普耀公司经营中存在涉嫌虚开增值税专用发票的问题,于是便将线索移交给广东省公安厅经侦总队,要求深入侦查。

尔后,广东省公安厅及佛山市经侦部门深入侦查施争辉操纵的佛山新领域、天赋通讯器材有限公司这两家公司。很快发现,施争辉利用佛山新领域、天赋通讯器材有限公司作为其在中国大陆地区销售三星手机的进口发货商,以账外经营等方法进行偷税。

当广东省公安厅及佛山市经侦部门查处新领域、天赋两家公司时发现,两家公司的销售网络遍及全国18个省、市、自治区,近百家企业与其有经济来往。办案人员查扣了大量账本、凭证资料,并邀请税务部门进行核查。

经办案人员查证,在1999年1月至2001年12月的这段时间里,施争辉操纵的佛山新领域、天赋两家公司共获得不含税销售收入近13亿元,偷逃应缴增值税、城建税、营业税、企业所得税等国税、地税近2亿元,占应纳税额的93%以上。普耀公司虚开增值税专用发票税款2 805多万元。就这样,普耀公司在逃税漏税中倒塌了。

在本案例中,香港商人施争辉,在内地经商,不仅得到国家的照顾,还能享受到一些税收减免政策的实惠。

但是施争辉没有珍惜这些机遇,等到失去这个机会时,施争辉已经追悔莫及。

当前，很多企业家对企业的社会责任已经达成共识，企业履行社会责任并不一定是要在电视上去做场捐款秀，最基本的也是最重要的方面首先是要管理好自己的企业，规规矩矩地向政府缴纳自己的税收，不偷税漏税是其中最重要的一条。其实，企业可以合理避税或节税，但前提是不能违反法律。

第二节　不逃税就倒闭是一个伪命题

在阿里巴巴，马云不止一次地强调纳税对于一个企业的重要性。他曾在阿里巴巴论坛上发表这样的观点：“世界上只有两件事不可避免，税收和死亡。”

马云说：“阿里巴巴为什么能成功，其中一个关键的因素就是按照法律规定的税负缴纳，在这里，我需要提醒的是，照章纳税是企业的义务，必须不折不扣地纳税，这样你的企业才有可能发展，否则，只是一场虚幻的梦境。”

马云毫不隐讳地谈道：“偷税、漏税是企业的耻辱，把纳税看作是企业的义务、责任，是远见卓识的表现。一个企业在纳税上如果不对国家尽责，私自偷逃税款，那么，人们会有理由怀疑，对顾客你是否能讲诚信。纳税多是企业实力和经营业绩的体现，凡是纳税先进企业，就自然而然在消费者心目中树立起爱国守法、诚实可信的良好形象，人们就喜欢与你谈生意、做买卖，顾客盈门，良性互动。要是一个企业税源枯竭，拖欠税款，那必然信誉不良，经营萎缩，不仅消费者不乐意光顾，就连向银行贷款也敬而远之。”

马云依法纳税得到了媒体的认可，新华美通就曾发表了《阿里巴巴跨入亿元企业行列　每天纳税过百万》的文章。该文说，阿里巴巴（中国）网络技术有限公司2005年上缴的税收为25 480万元，首次跨入税收亿元企业行列，按全年 250 个工作日计算，成功实现了公司 2005 年年初提出的“每天纳税 100 万元”的目标。同时，高新区方面表示，这一纳税仅仅是阿里巴巴公司本身，并未包括被收购半年的中国雅虎业务。

对于企业来说，纳税是其为国家和社会创造价值的表现，也是对自身成就的肯定。现在企业的纳税意识在不断提高，阿里巴巴在 2004 年就把“每天纳税 100 万元”作为公司未来几年的经营目标，并给自己设了一个“紧箍咒”——没有一天 100 万元的税，就是对社会没贡献。

然而，令人遗憾的是，很多家族企业经营者却持有与此相反的想法，那就是想方设法偷税逃税，无视国家税法，纳税意识淡薄，与税务人员捉迷藏，给税收带来困难。

不仅如此，在 2012 年 5 月 19 日，中央党校国际战略研究所副所长、北京科技大学博士生导师周天勇发表微博称：“今年全国一大批小微企业有可能被税务部门整死。”这条微博立即引发了轩然大波。

2012 年 5 月 25 日，在接受《中国企业报》记者专访时，周天勇回应称：“绝非危言耸听。减税、清费、发展社区小银行是关键步骤，这方面不动真格的，中小企业会越来越困难，会破产倒闭一大批。”

持这样观点的企业老板也不在少数，当然，对于企业老板而言，仅仅以这样的理由去逃税漏税显然是不成立的，既然选择了创业之路，无论企业规模大小，都不能逃税漏税。

然而在众多中小企业中，有九成企业有逃税行为，这足以引起企业老板的反思。这样的问题在 2012 年 5 月，北京大学国家发展研究院联合阿里巴巴集团发布的调查报告中得到了印证，该调查报告显示，在调研所涉的 1 400 多家中西部小微企业中，90％的企业存在逃税的行为。这些小微企业，涉及四川、重庆、陕西、湖南、湖北等省市。其他调查的数据，也基本在这个比例，甚至更为激进。

研究发现，很多企业老板在经营过程中，为了增加利润，人为地逃税漏税。在《一个小企业的逃税式生存：不逃税就倒闭》一文的开篇就描述了企业逃税漏税的问题：“邵林（化名）的公司非常尴尬：再小一点，就是‘税务部门懒得管的小虾米’；再大一点，就会进入‘查收的重点范围’，偷逃税费会变得很困难。规范吧，成本巨大；不规范吧，又很难融资和进一步壮大。报纸上‘小微企业减税’的大标题印得醒目，但邵林却看都没看就翻了过去。拥有一家有着 40 多名员工、年营业收入 1 000 多万元的企业的他，本应该与这样的新闻息息相关，但他为何如此漠不关心？‘再减我也不能交那么多。’他说。‘你的公司逃税？’面对这个问题，邵林几乎不假思索地回答：‘如果所有的税费我都严格按照规定缴纳，我的公司马上就会倒闭。如果过去我没有逃税，公司根本活不到今天。’”

近年来地税稽查部门在税务稽查中发现，企业法人指使财务人员做假账偷逃税款的事件多如牛毛。而因此触犯法律被判刑的人员也不在少数，其中以私营企业，特别是家族企业尤其突出。

据地税部门介绍，私营企业中涉税违法犯罪的共同特点就是，这些企业的法人在利益驱使下，尽可能地少缴或者不纳税，经常利用企业财务人员为保住自己“饭碗”的心态，授意、指使财务人员做假账偷逃税款。一般来说，企业偷税漏税会采取以下三个手法：

(1) 企业法人授意或指使财务人员设置两套账，实行账外经营，内账记录实际收支作为内部核算使用；外账则采取不列或少列收入的手段用来应付税务、工商等部门的检查。

(2) 企业法人故意向财务人员隐瞒真实经营情况，提供虚假的经营凭证给财务人员记账。

(3) 企业法人要求财务人员按“指定”的利润额记账和申报税费。

不管采用什么样的方式偷税漏税，税务部门都是能查出来的。因此，这就要求家族企业经营者必须“合法经营，照章纳税”，特别是其中的“照章纳税”，主要是强调家族企业对国家和社会应承担责任。

第四部分

家族企业如何才能久而不倒

中国人有一句话经常挂在嘴边:“家和万事兴。”处理好“家人”与“企业”的关系,不仅关系到家族内部是否和谐,更关系到企业能否正常运转,关系到家族企业与外部世界的和谐相处。

——北京理工大学中外家族企业联合中心主任 裴蓉

第一章
积极推进家族企业社会化

要想把家族企业做强做大，家族企业的社会化改造就是一种必然的趋势。可能有读者就会认为，在中国现代企业管理日益完善和规范的当下，家族企业必须按照现代企业制度来进行管理，而家族式管理模式早已过时，应该摒弃。

当然，读者这样的观点还是客观的，在中国特色的管理中，家族企业创始人完全按照家族管理的模式来管理家族企业显然不可能，同时也不可能完全按照欧美等西方国家的现代企业制度的管理模式来管理家族企业。因为中国是一个讲究人情的国家，在特定的环境下，如果坚持制度化管理反而会加剧管理者与一线员工的矛盾。

因此，作为家族企业创始人而言，其科学、合理、正确的做法就是随着家族企业发展阶段的变化，将家族企业管理模式的优势融入现代企业制度管理模式中，从而将两者紧密地相连起来。究其原因就是在家族企业初创时期，其成员大都由若干名家族成员组成。

这样的组成模式就决定了合理的专业分工，因为在创业之时，由于家庭成员的教育背景或工作经历大都各不相同，这就必然要求家族成员按照各自熟悉的专长和业务经验来选择不同的岗位。当然，合理的资源配置是建立在家族成员共同商议的基础上的。

之后，在家族企业的实际经营中，家族成员也会随着各自的专业技能而略有调整。事实上，家族企业整个创业团队的核心人物相比其他成员，经验可能更为全面，或者其主导目标实现的愿望更加强烈。可以说，在这个时期，家族企业的经营管理中更多遵循家庭运行规则，如果一味强调企业规则，那么就可能会失去家庭成员的忠诚和无私的支持。

第一节 打破传统的家族式管理

事实证明，家族企业之所以能迅速达到一定规模，是因为家族企业在经营中，其运作成本相对较低，同时家族成员为企业工作都是各尽所能，不计较自己付出的劳动与获得的报酬是否有合理的比例。内部分工充分体现“能者多劳”的原则，机构简单，没有冗员，常一身兼数职，“男主外，女主内”，使各种费用降到最低程度。特别是在创业阶段，家族企业发生财务困难的几率非常高，但是创始人合理地把握家族企业发展预期，不仅保障了家族企业生存和发展的动力，而且还避免了家族成员像非家族企业那样为了争夺稀缺资源和权力而发生冲突，从而有效地保证了家族企业管理的低成本运作。

然而，一旦当家族企业做到一定的规模，特别是随着家族成员增多，而曾经的家庭也繁衍出更多的家庭，此刻家族企业中家族成员之间的亲缘关系也就开始渐渐淡化，甚至家族成员不断追逐各自独立的利益形式，利己主义开始盛行。特别是在外部投资者以管理者身份进入企业以后，家族企业曾经的管理模式已经失去往日的竞争优势，反而会阻碍家族企业的发展和壮大。

此刻，很多家族企业因为内部的利益纷争而倒闭。在这样的背景下，家族企业要想继续经营下去，就必须将家族企业管理模式的优势融入现代企业制度管理模式中，只有依托现代企业制度，才能摆脱家族成员利益纷争的桎梏。所以，要想把家族企业做强做大，就必须对家族企业进行社会化改造，其因素有内外两种。

（1）家族企业社会化的内部因素。当达到一定规模后，逐步实现社会化是大多数家族企业的必然选择。这主要由于随着曾经的家族成员组成家庭后，又繁衍了更多家族成员，这就导致了家族企业创始人及其家族成员创造的财产必须传承给一代又一代的家族成员，而这些家族企业财产继承人相互之间的血缘关系也就日趋淡化。一旦亲缘关系逐步淡化，家族成员之间的关系也就逐渐演变为一般社会关系。

（2）家族企业社会化的外部因素。在家族企业社会化过程中，外部因素促使家族企业社会化的动力可能比家族企业社会化的内部因素要强烈得多。正是因为这样，家族企业社会化的外部因素比内部因素要复杂很多，同时利益纷争也更多，理由有以下两个。

第一，随着家族企业规模的扩大，业务的不断增多，营业收入大幅度上升，这就要求家族企业创始人着手解决随着规模扩大后带来的管理难题，特别是需要更多的具有高度管理专业才能的人才。由于家族企业高级管理人才的匮乏，家族企业创始人在没有其他办法的情况下不得不从家族外招揽急需的管理人才。

第二，对于任何一个企业而言，在发展过程中，规模扩张过快都会影响资金的注入，家族企业也如此。一旦家族成员内部不能融到急需的资金，就不得不借助家族之外的力量来筹集所需的资金。在这样的背景下，家族企业也就不得不引入新的战略投资者。比如，引入风险投资、私募股权投资，以及公开上市等。这就会直接稀释家族成员的股权，加速家族企业所有权的社会化变革。

沃尔玛创始人山姆·沃尔顿在接受《华尔街日报》的采访时曾说："控制现代企业成败兴衰的不是它是否为家族企业，而在于它的价值观、企业文化以及经营机制。"

山姆·沃尔顿所说的价值观、企业文化以及经营机制就包括家族企业的社会化。1950 年，山姆·沃尔顿开设了第一家特价商店，到 1972 年沃尔玛公司在纽约证券交易所上市，其社会化改造的时间仅为 22 年。

其实，像沃尔玛这样的中外家族企业还有很多。因此，许多家族企业能取得高速的发展，主要是由于家族企业创始人能尽快地完成家族企业的社会化改造，见图 4－1。

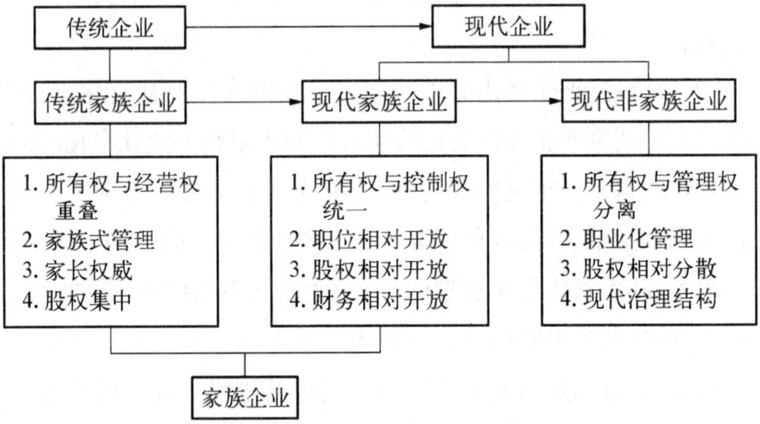

图 4－1　家族企业社会化的过程图

一般而言，当家族企业达到一定的规模时，此刻家族企业往往还在不断扩大中，而家族成员的管理和经营能力往往都达不到家族企业发展速度的要求。而家族企业创始人也就不得不向社会广招贤士能人以保持家族企业的高速发展。

可以说，家族企业只有社会化才能适应现代化发展的需要。而对于大多数现代市场经济中的家族企业来说，当规模达到一定程度之后，必然会进行社会化改造，从而向现代家族企业转变。现代家族企业的特点有四个：① 所有权与控制权统一；② 关键岗位由专业人才担任；③ 财务制度相对规范，家族企业的信用度大大提升，容易得到地方政府和银行的支持；④ 股权依然控制在 51%以上。

研究发现，家族企业相比非家族企业的优势不仅在管理方面，还在于积极把家族企业社会化。对此，《华尔街日报》曾对世界 500 强企业的创业过程做了一个调查，结果显示，有 92.76%的企业是从家族企业中规范过来的。

第二节　社会化是家族企业最终的选择

事实证明，随着家族企业的不断发展和企业规模的扩大，家族企业最终的选择依然是社会化。因为家族企业只有进行社会化改造，才可能做强做大。中国家族企业的问题在于要么就是规模不够大，要么就是当规模达到一定程度，由于缺乏制度和流程的支撑，家族成员之间的利益纷争最终导致了家族企业的倒闭，这就是家族企业这种企业类型得不到主流经济学家认可的一个重要原因。

在一次企业家论坛上，有媒体采访慧聪创始人郭凡生："郭总，请您给中国家族企业指一条做强做大的出路。"郭凡生认为，中国家族企业要做强做大，就必须进行社会化改造，他的理由是："把非家族的人变成家族的人是家族企业保证生命力的关键。"

同时，郭凡生还认为："在企业产权或股权家族化的条件下，中国家族企业可以通过收益权社会化和管理权社会化引进社会人才，克服家族企业管理者忠诚度不高的问题。"

可以说，郭凡生的观点还是非常有代表性的，反观慧聪的发展历程，就不难看出郭凡生是在总结自己多年的经商经验。

1992 年 10 月，郭凡生出资 74 000 元，与王冲、王永慧等人共同创办慧聪公司，郭凡生是慧聪劳动股份制的创立者。

在当时，郭凡生占了 50%的慧聪公司股权，慧聪公司可以说是一个相当典型的家族企业。然而,从1995年开始,慧聪就开始推行社会化改造,在股份结构中分出类似于过去晋商的"身股"和"银股"。所谓"身股",一般称为"顶身股",即以个人劳动力或技术参股(多数是指劳动力),简单来说就是"卖身入股"。除出资人的银股外,还有掌柜阶层和资深职员持有的人身股。所谓"银股",是指股东以资金的形式参股,即以真金白银投资注入商铺,现在称为企业。

在慧聪公司,员工开始拥有"身股",并依据"身股"获得慧聪公司的股份收益。然而,慧聪公司所有员工的"身股"必须是针对在职员工的,一旦员工辞职或者离职,其持有的"身股"就自动失效。

在20世纪90年代的中国,改革开放才10多年,正是这种"身股"和"银股"并行的股权稀释制度让慧聪赢得了高速发展的机会,不仅快速做大了公司的规模,还吸引了一大批优秀的人才。在此基础上,慧聪实现了管理权的社会化。

在很多公开场合,郭凡生非常高调地评价"身股"和"银股"的作用:"收益权、管理权社会化是慧聪迅速发展的重要基石。"

2003年12月,慧聪国际资讯于香港联合交易所创业板挂牌上市,所配售之1亿股新股获得9.6倍超额认购,每股定价1.09港元;12月17日首日挂牌收市价为每股1.46港元,较发行价每股1.09港元上升33.9%。

2005年,慧聪实现营业额及毛利分别约为人民币4.5亿元及1.6亿元。

从慧聪的发展历程可以看出,社会化是家族企业做强做大的一个非常重要的因素。所谓家族企业的社会化,其阶段分为以下三个:

(1) 管理社会化。家族企业的非家族化管理是家族企业社会化的第一步。在家族企业社会化的进程中，最先遇到的就是家族企业在管理上的社会化。因为家族企业一旦规模扩大，实行多元化经营，必然使得家族企业内部的人才短缺与家族企业的运行要求相矛盾。这就会迫使家族企业将寻求人才的目光转向家族之外。所谓家族企业管理社会化不仅指家族企业的所有权和经营权两权分离，更为重要的是，家族企业由非血缘关系者组成决策机构，即由职业经理人团队来经营家族企业，而家族企业的控制权依然在家族手中。目前，我国大多数上了一定规模的家族企业都聘任了外人担任家族企业的重要管理者，如总经理、总会计师。家族企业的规模越大，家族企业所从事的行业技术构成越高，家族企业管理社会化的进程就会越快，因为在这样的情况下，家族企业管理社会化的要求会越强烈。因此，家族企业管理社会化其实就是由家族占据企业控制权，而由职业经理人团队来管理企业。

(2) 所有权社会化。所谓家族企业所有权的社会化指的是家族企业财产的所有者构成中，非家族成员占有相当的比重。也就是说，家族企业财产所有权不再是某个家族独有，传统的仅限于家庭成员持有100%的股权就被打破了。当家族企业所有权社会化后，其拥有者不再仅限于家族成员。

(3) 管理和所有权社会化。家族企业管理和所有权社会化，表明这类家族企业已经完全摆脱、褪掉了家族色彩。可以说，这类家族企业已经不再被公众认为是一个家族企业了。所谓家族企业的完全社会化指的是家族企业完全脱离了家族色彩，家族在企业中不再具有优越的地位，家族成员成为企业中的一般成员。

从以上所述可以看出，社会化改造不仅是家族企业适应世界经济社会化大生产的要求，更是家族企业为了提升竞争优势的一个重要因素，同时又是抢占市场份额的一个有效手段和打败非家族跨国企业的需要。

当然，在家族企业社会化的过程中，上述三个阶段并非都是独立分开的。由于家族企业自身的情况不同，在社会化的过程中，社会化采取的方法和经过的阶段可能截然不同。

1903 年，福特汽车创始人亨利·福特与 11 位投资者筹集 2.8万美元的资金在美国底特律市创办了一家汽车公司，这就是后来的福特汽车公司。可以说，福特汽车公司作为一家典型的家族企业，从 1903 年创办至今已有百余年的历史，尽管斗转星移，百年沧桑，福特汽车公司却仍然保持了强大的竞争力和生命力，而它的一些做法值得中国家族企业参考和借鉴。

亨利·福特不仅有美国汽车大王、汽车工程师与企业家之称，还是世界上第一位实际应用装配线概念而获得巨大成功者，并且以这种方式让汽车在美国真正普及化。这种新的生产方式使汽车成为一种大众产品，它不但革命了工业生产方式，而且对现代社会和文化产生了巨大的影响，因此有一些社会理论学家将这一段经济和社会历史称为“福特主义”。可以说，亨利·福特不仅以其发明和制造汽车本身而流芳百世，而且以其“大众化”的价值观而彪炳史册。

在 20 世纪初，亨利·福特在制造第一辆汽车时的出发点和根本宗旨就是“要让芸芸众生都能买得起、用得上汽车，并将它作为日常交通工具”。

在第二次世界大战爆发前，福特汽车公司还参加了德国的军事建设。比如：1938 年该公司在柏林开了一个组装厂为德国陆军提供卡车。当年 7 月，亨利·福特被授予德国鹰大十字勋章，这是纳粹德国授予外国人的最高勋章。福特是获得这个勋章的第一个美国人。授勋的原因是福特“使汽车成为一个大众商品所做出的先驱工作”。

对此，美国历史学家弗雷德里克·艾伦在他的《美国的崛起——沸腾五十年》中这样评价福特的理念和实践："实际上福特所做的所有事情——降低价格、提高生产效率、故意提高工人工资等等，就是用前所未有的方式证明现代工业的一项伟大原则：批量生产的动态逻辑。这个原则就是：生产厂家生产的商品越多，那么它生产的成本就越低，产品的价格就越低，人们的生活就越好，他们所能购买的东西就越多，让这种丰富而经济的生产原则成为可能。"

从这个角度来看，福特是最早的社会企业家——他用经营企业的方式实现自己的社会理想。然而，随着福特汽车规模的不断扩大，亨利·福特已经深感无法向福特汽车公司派遣更多的家族成员，在这样的背景下，亨利·福特开始招贤纳士来适应福特汽车的高速发展。特别是到了20世纪30年代，福特汽车的产量已经占据全世界的50%。按照福特汽车公司如此的速度和规模发展下去，如果不积极实施社会化战略，明显会阻碍公司的高速发展。于是，在1956年，福特汽车公司股票首次上市。然而，让华尔街意想不到的是，"福特汽车公司的股票将由发布声明的福特基金会而不是由公司发售，基金会是福特家族在1936年建立的大型慈善信托公司，以拨款促进国际国内事务中广泛领域里的人类福利事业"。《纽约时报》中的这段话解释了福特的后人们违反老福特的意愿最终决定上市的根本原因。

可以说，福特的继承者们不这样做，就必须要缴纳巨额的遗产税。1935年，美国国会通过"财富税"法案，这项法案规定，继承价值5000万美元以上的要征收高达70%的遗产税。

如果按照70%的遗产税征收，一旦福特汽车创始人亨利·福特去世，那么亨利·福特的继承者必须卖掉福特公司的股票，才能支付得起高达70%的遗产税。

对于含辛茹苦把福特汽车公司做大的亨利·福特来说，肯定不想在自己死后让自己亲手创建的公司落入他人之手。于是，亨利·福特接受了大儿子埃兹尔·福特提出的解决方案。

1936年1月15日，福特基金会正式成立。当然，埃兹尔·福特成立基金会的目的就是将福特家族的资产与公司资产区分开，从而达到合理避税的目的。

可能有读者会问，既然成立基金会让福特在合理避税的同时，又能够让家族自主决定其投资等战略决策，那么福特公司为什么还一定要上市呢？

而《纽约时报》的报道是这样解释的："基金会理事想使投资者多样化的希望是福特家族做出允许出售福特股票决定的主要因素。家族最终同意了理事们的观点，认为基金会把所有的鸡蛋都放在一个篮子里是不可靠的。这一决策是在福特家族与基金会理事通过两年多的协商后达成的。理事们劝说家族允许公众共享福特汽车的收益。"

从《纽约时报》的报道中我们不难理解，福特继承者卖掉基金会所持的大部分股份，目的有以下两个：① 使基金会获得了真正独立永续运转的可能；② 股份的高度分散，并不会导致公司实际控制权的旁落。

可以说，福特汽车的上市标志着福特汽车已经踏上了社会化改造的新历程，这也意味着福特汽车公司成为一家公众公司，而不再是纯粹的家族企业。

在福特汽车公司社会化改造中，我们不难看到，外部因素促使福特汽车这个家族企业社会化，因为高达70%的遗产税必定让福特的继承者付出高昂的代价，在这样的背景下，福特汽车公司实现了社会化。

当福特汽车社会化后，公司取得了惊人的业绩。董事长比尔·福特在2001年股东大会指出，汽车是全球性的复杂行业，但复杂的事情中包含简单的道理，这就是要有最好的产品，有了最好的产品就能获胜。2000年福特公司利润达54亿美元。福特股票的回报率在过去45年里始终高于美国三大股票指数。2001年以来福特股票分红为4%，是市场平均分红的3倍。

家族企业社会化是实施规范化管理的一个必然趋势，家族企业向现代企业制度迈进，其适用的企业制度因时、因地而异，不同行业、不同规模、不同发展阶段和不同背景的企业各有适合自己情况的企业制度，没有普遍适用的标准模式。福特家族企业公众化、社会化和市民化的做法为我们提供了一些有益的启示。

第二章
对家族企业绝对控制

事实证明，很多家族企业之所以经久不衰，是因为家族企业的绝对控制。研究发现，许多家族企业往往都是由某一个或几个家族控股，而许多大型家族企业往往有一定数量的子公司，尽管这些子公司由公众持股，但是某一个或几个家族却通过家族控股公司完全控制着那些更为重要的子公司。采用这样的方法将控股权掌握在某一个或几个家族手中，就可以避免那些更为多元化的投资机构为追求更高短期回报而产生的利益冲突。

为保持控制地位，许多家族式企业都限制股票交易。如果家族中有股东希望出售股份，则必须将优先取舍权提供给他们的兄弟姐妹，然后是表亲。此外，控股者通常会从退出的家族成员手中买回后者所持的股份。同时，家族企业往往会制定长期的股息发放政策，避免家族出现资本减持的现象，有效地避免了家族企业控制权的旁落。

第一节　不能在资本层面稀释对于公司的控制权

不管是引入风险投资，还是为了借到解决家族企业燃眉之急的资金，都不能失去对家族企业的控制权。特别是家族创业企业在引入风险投资时，面对愿意给自己投资的许多风投机构，面对如此之多的资金，必须克制和冷静。对此，阿里巴巴创始人马云告诫家族企业创始人："不能在资本层面稀释掉对于公司的控制权，尤其是在创业成败的关键期。"

可以说，马云的观点很有代表性。要想把家族企业打造成为一个百年老店，就必须掌控家族企业的控制权。

可能读者认为这样的观点不利于吸引风险投资，但是这样做才能保证家族企业稳健地发展。我们就来回顾一下国内的几个真实案例：

2001年6月初，中国第一代门户网站之一的新浪网创始人王志东就因为引入风险投资而离开了自己辛苦做大的新浪网，同时也辞去新浪网首席执行官(CEO)、总裁、董事等职位。

这起事件在2001年的中国企业界引起巨大的反思潮。当然，王志东因为控制权而黯然离开新浪并不是一个单独的个案。

其实，这只是很多案例中的一个。在王志东因控制权被迫离开创业企业之前，中国大陆地区就已经有一些创业公司在融入风险投资后，公司创始人由于种种原因先后离开自己含辛茹苦做大的创业公司，比如瀛海威创始人张树新、中公网创始人谢文、Chinaren创始人陈一舟、8848创始人王峻涛、美商网创始人童家威等。

当然，还有一些创业企业在融资后不久，创业投资人强势地引入职业经理人，而企业创始人只能从创业企业一把手职位上撤下来，如一些技术出身的创始人转向主要负责技术开发，而不负责公司的总体发展和日常管理等。殊不知，当风险投资进入后，在职业经理人的带领下，创业企业曾经可行的诸多战略也会因此而被放弃。因此，要想让家族企业稳健地发展，创始人对家族企业的控制权就不能旁落。

然而遗憾的是，创始人被风险投资赶出创业企业的故事仍在发生。2012年5月25日闪辞当晚，雷士照明创始人吴长江曾通过微博公开表示："等我调整一段时间，我依然会回来的，我为雷士倾注了毕生的心血，我不会也永远不会放弃。"

吴长江的这条微博信息似乎向外界传递出一个信号，那就是这个坚韧的山城汉子过一段时间后还会卷土重来。

不过，现实也是非常残酷的，甚至是血淋淋的。而今，吴长江要卷土重来的话，摆在他面前的有两条路：

第一，在雷士照明陷入困境后以"救世主"的形象重返。这个情景有点像苹果创始人史蒂夫·乔布斯。

今日的史蒂夫·乔布斯成为世界缅怀的重要人物之一，然而在20世纪80年代中期的1985年，苹果创始人史蒂夫·乔布斯曾经被苹果公司驱除，当时史蒂夫·乔布斯卖掉了几乎所有苹果公司股票，然后另起炉灶。史蒂夫·乔布斯采用"曲线救国"式的策略演绎了一个美国股市上生动的创始人回归案例，从而一举拿下苹果公司的控制权。不过，史蒂夫·乔布斯"曲线救国"花了整整11年。1996年，经营乏善可陈的苹果公司以4亿美元收购乔布斯另起炉灶的NeXT，乔布斯也因此华丽回归苹果公司，而这成了苹果公司后来取得一系列惊世骇俗成果的开始。

第二，就是在雷士照明蒸蒸日上之际通过增持股权重夺控制权，这个情景有点像国美创始人黄光裕。在中国，黄光裕也同样演绎了创始人赶走职业经理人的故事。尽管这个故事有点让人后怕，毕竟黄光裕还是夺回了控制权。

2009年，中国最大的家电连锁企业国美电器职业经理人陈晓与国美创始人黄光裕争夺控制权，这就是媒体所谓的"陈黄之争"。当时国美电器创始人黄光裕提议罢免董事局主席陈晓，但是第二大股东贝恩资本却与黄光裕意见相左。

面对风投的逼宫，黄光裕不得不采用增持股权比例的方法来重夺控制权，从而维护自己的话语权。2009年8月25日，黄光裕方面通过公开市场增持国美电器股票 1.2 亿多股，使得黄光裕夫妇在国美电器中的持股比例上升至 35.98%。事实证明，虽然在“9.28”特别股东大会上黄光裕暂时败北，但股权上的绝对优势还是令他最终如愿——2011 年 3 月，陈晓离职。

而今的山城汉子吴长江，要想夺回控制权，可以借鉴史蒂夫·乔布斯或者黄光裕的案例。不过，据媒体的披露，吴长江夺回控制权的路非常艰难。在目前雷士照明的股权结构中，由于吴长江的被动平仓，软银赛富与吴长江的持股差距进一步拉大，再加上施耐德坐拥第三大股东之位，一向在资本市场长袖善舞的风投会给吴长江留下重返雷士照明的机会吗？我们拭目以待。

通常，企业在发展中，大多数经营者往往只考虑近期的利益而牺牲长远的发展计划。因此，只有家族成员对家族企业有绝对的控制权，家族企业的未来才能够得到保证。

第二节　股权安全系数：70%～90%

中国家族企业的管理形态各异，发展阶段从原始到现代企业管理制度，一般有以下三种形态：

(1) 完全家族管理形态。这类家族企业主要处于创业初期，多为小企业，是非常典型的家庭作坊、夫妻店。具体表现为：董事长、总经理、副总经理、财务、供销、生产，甚至生产工人（营业员）等岗位全部都由家族成员担任。

(2) 家族控制下的专业人士管理形态。这类家族企业大多处于企业成长期，多为中型家族企业。这类家族企业的发展势头通常都非常好，代表了中国数万家家族企业的管理形态。一般地，这类家族企业的年销售收入从几百万元到几亿元，甚至几十亿元。具体表现为：董事长、总经理等关键岗位由家族成员担任，而其他如财务、技术、生产等岗位则由专业人士担任。

（3）家族控股下的现代企业管理形态。这类家族企业大多处于企业成熟期，多为大型的家族控股的上市公司，如希望集团、万向集团等。这类家族企业股份都集中在家族主要成员手中，并且家族成员的股份处于绝对控股状态下（不处于绝对控股状态下的企业不应被视为家族企业，而是公众企业）。具体表现为：大多数关键性岗位都由专业经营管理专家，即高级经营管理人员来担任，而家族外的企业成员参与企业的决策和战略制定等事务。

事实上，家族企业要做强做大和永续经营，就必须保持对家族企业的绝对控制，这样才可能坚持创始人当初的“永续经营”的主张，否则，一旦控制权旁落，那么家族企业的未来就值得担忧。

这样的观点得到了中国改革开放后第一代家族企业的代表——方太集团董事长茅理翔的高度认可，他在接受媒体采访时更是语出惊人：“在中国的家族企业中，家族必须绝对控股，家族企业的股权安全系数在70%～90%之间。说到河南的家族企业，我认为，河南的家族企业不少也是家族投资、家族经营的，但大部分企业已把自己的股权稀释出去，变成股份公司。因此，纯家族企业不如浙江多。从长远来看，家族企业稀释股权应该是一个方向。当然，不是无限稀释，如果你不是世界500强企业，就不要相对控股，而要保持51%的绝对控股权。为什么要稀释股权呢？这就要说到企业的薪酬机制，职业经理人往往不满足于固定的工资或资金，而有分得股权的要求。不稀释股权就不易激发他们的工作热情并留住他们，给予股权是为防止因他们跳槽而给企业带来损失。给他们股权，等于给其戴上了金手铐。管理是解不开的结，解完了一个，又要解下一个。作为企业家，要不断地充电和提升自己，才能把企业带向更高更好的未来。”

在公开场合下，茅理翔告诫中国家族企业创始人：“我认为美国式的股份制不适合中国国情。”

可以说，茅理翔发表此番言论是对其“股权安全系数在70%～90%之间”观点的解释。茅理翔的理由是：“即使在西方国家的家族企业，家族相对控股的也在少数。很多相对控股的家族企业最终面临被收购、兼并或者转为股份公司的命运。”

在多数论者看来，不管是国外家族企业还是中国家族企业，要想做强做大，股权的不断稀释才是一条最佳的路径。

然而，茅理翔无疑给持这样观点的家族企业创始人泼了一盆冷水。企业要做强做大，就必须不断稀释股权的结论，当然是缘于欧美等西方国家家族企业的发展轨迹；而茅理翔的“股权安全系数在70%～90%之间”的结论，则是基于方太这个家族企业在中国的巨大成功。

反观欧美家族企业的创始人，他们常常将自己的公司牢牢抓在手中，绝大多数美国家族企业的继承人们在董事会和管理层中都行使着无上的权力。绝对控制是美国家族企业成为世界500强企业的一个重要因素。

事实上，家族企业就是一个家族或几个具有紧密联盟关系的家族拥有全部或部分所有权，并直接或间接掌握经营权的企业。当然，在家族企业经营中，家族既要保持对企业的控制，同时又能吸收新鲜资本并满足家族的资金需求，这是每个家族企业都必须权衡解决的一个问题，因为它是引起潜在冲突的一个重要根源，尤其是当权力从创始人交接到接班人手中的时候，这样的情况可能会更加严重。

第三章
适当引进职业经理人

历史学家许倬云坦言:“一个朝代的盛衰,归结为一句话,就是公权力的核心是不是开放的。”其实,这个道理也适用于家族企业的接班。

家族企业在创业阶段,其发展都较为迅猛,因为家族企业的管理模式在此阶段发挥了非常重要的作用。但是随着家族企业创始人的衰老、家族企业规模的扩张,以及家族成员管理知识的匮乏或者管理人才的短缺,又加上中国实行独生子女政策,引进职业经理人就成为家族企业创始人不得不面对的事情。

《21 世纪》杂志以“有没有一个标准模式去挑选合格的职业经理人？有没有成功的案例,让职业经理人能带领家族企业走向成功?”为问题采访香港中文大学教授范博宏时,范博宏是这样回答的:“目前还无法找到一个标准模式去选择职业经理人,毕竟各行各业的具体情况不同,但在香港可以找到一些成功的案例,比如说利丰集团。利丰集团有一百年的历史,到现在是第三代,第三代的家族成员还不够成熟,仍在培养中,所以他们聘请一个职业经理人来担任领导。利丰集团在香港建立了一个比较健全的职业经理人激励模式,它对于职业经理人的激励还有薪酬,都是非常到位的。这跟很多内地企业不同,内地很多企业的薪酬制度还停留在‘重赏之下必有勇夫’的粗放式经营。”

第一节 适当引进职业经理人是管理社会化的具体表现

选择自己的子女接班还是选择职业经理人来接班，这是一个极具争议的话题。尽管“黄陈之争”已经尘埃落定，但是此刻，这个话题的争议依然没有停止。

不管如何争议，一个事实却摆在家族企业创始人面前，那就是无论选择自己的子女接班还是选择职业经理人来接班，都必须适当地引进职业经理人。

这主要是因为当家族企业发展到一定的规模，适当地引进职业经理人已经成为一个不得不做出的抉择。只有适当地引进职业经理人，才能保证家业永续，否则一切都是空谈。

来自麦肯锡的研究报告显示，如果家族企业由外人来管理，企业似乎比其他企业管理得好些，而由家族长子管理的企业，则往往管理较差。法国和英国的家族企业大多由长子管理，这也是造成法国和英国企业的管理质量或业绩低于美国和德国企业的重要原因①。麦肯锡得出这样的结论，源于对法国、德国、英国和美国的 700 家中型制造企业的研究和对比。

2010 年 5 月 19 日，在“中国企业领袖年会——2010 香港论坛”上，均瑶集团董事长王均金表示，拥有优秀的职业经理人，并充分调动其积极性与带队能力，为企业以及在未来接班的子女打下良好的业务基础，是一种变相的家族式传承，用聘用的手段和激励的方式培养出忠诚的职业经理人，可以帮助子女将企业管理得更为出色、长久。

---

① 龙金光.传承与接班人：300 万民企的现实焦虑[N].南方都市报，2010-11-30.

第二节　大胆启用有德有才的职业经理人

当家族企业达到一定的规模，家族成员不可能担任所有管理部门的领导者，这就要求家族企业创始人适当地引进职业经理人。

可能读者会问，作为家族企业创始人，为什么要适当地引进职业经理人，而不是完全地引进职业经理人呢？

这主要源于新中国的家族企业历史才30多年，加上目前的职业经理人制度不完善，还没有一支足够规模的职业经理人队伍。从传承接班角度来分析，家族企业接班的本质是如何在接班人的忠诚和才能之间找到一个平衡点。

研究发现，职业经理人的才能大于对家族企业的忠诚，而家族企业的子女，其忠诚往往大于能力。由于忠诚优先，所以其在公司治理上也有优势，信息统一，执行力强，效率很高，这是他的优势，部分可以弥补由于领导力和决策水平低所造成的一些缺陷①。

当然，对于家族企业来说，股东或者董事出了钱，但是未必会管理，这无疑需要引入职业经理人制度。不过，在引入职业经理人时，应该将职业经理人的道德水准放在首位，包括社会道德、职业道德。同时从企业安全经营的角度考虑，从外部引进的经理人，要按照管理岗位和信息的机密程度逐步任命，提倡先“知”后“用”，既可以让新来的经理人熟悉企业环境，同时企业也可以对他进行观察、考核，合格后再予以进一步的重用②。

不可否认，随着中国家族企业的崛起，引入职业经理人已经是一

---

① 陆雄文.接班须保证领导力延续[N].经济观察报，2012-01-06.

② 许薇.民营企业内部控制问题浅析[J].经济师，2010(3).

个不得不重视的问题。在职业经理人问题上，作为万象集团创始人的鲁冠球非常重视，在2001年，鲁冠球颁布了一项企业职业经理人的标准，其大致内容是：有德有才，大胆启用，大胆聘用，可以三顾茅庐，高薪礼聘；有德无才，可以试用，通过教育培训，视其发展而定无妨；无德无才，可以不用，因为一看就知道，不易混入；有才无德，绝对不能用，让其伪装混入，后患无穷。

当家族企业引进职业经理人时，道理也一样。引进职业经理人之后，还必须对其进行培养。在此阶段，家族企业主应该对正式上任的职业经理人给予充分的信任，这样有利于调动职业经理人的工作积极性，切实发挥职业经理人的作用。在新经理人上任初期，家族企业主需要给职业经理人必要的支持和引导。

外聘的职业经理人素质相对较高，但职业经理人也需要时间去适应新的企业环境，去处理好与家族内部人员及创业元老之间的关系，处理不当就会有各种流言蜚语。这要求老板要有明辨是非的能力，分析原委，确定责任，帮助新经理扫除障碍，以推动企业内部变革的顺利进行。①

目前家族企业二代继承的模式主要有以下三种：

(1) 子承父业。这个方式较为直接，就是家族企业创始人将财富和企业管理权传承给自己的子女，让子女接班来继续经营家族企业。

(2) 所有权和经营权适当分离。第二代接班人主要控制着家族企业的所有权，聘请职业经理人来管理家族企业。那么，此时第二代接班人的领导力就表现在怎么找到职业经理人、信任职业经理人和监督职业经理人，第二代接班人自己去做有兴趣的事情，或者是换一个行业。

---

① 许薇.民营企业内部控制问题浅析[J].经济师，2010(3).

(3) 拿钱去做另外的事业。这种模式就是第二代接班人完全放弃原来的家族企业,甚至将股权出让以后形成信托,拿这笔钱去做另外的事业。

在这三种模式中,没有任何一种模式是百分之百地拒绝适当地引进职业经理人的。就算是家族企业常用的子承父业的模式,也不可能是封闭的。现在我们看到在产业里形成竞争力或者在产业里居领导地位的家族企业,领导人通常都眼界开阔、思想开明,他们也广泛引进职业经理人到企业里来,这也是新一代的企业家所需的远见卓识,像香港"十大打工皇帝"中有 6 位是李嘉诚企业的 CEO。因此,创业者在选择接班人时,最重要的是要具有领导力,即他要能够找到优秀的职业经理人,对职业经理人进行委托、控制、授权和激励,给予监督和控制①。

① 陆雄文.接班须保证领导力延续[N].经济观察报,2012-01-06.

第四章
与官员保持适当距离

必须提醒家族企业创始人，善于利用各种资源，包括政府资源，这对任何一个企业的成长都十分重要。但是实际上，政府提供的资源是有限的，对于家族企业创始人来说，关键要提升企业的竞争优势，而决不能把希望全都寄托在政府的帮扶上，否则将非常危险。

对此，百度创始人李彦宏曾多次强调，“竞争优势不仅能够显著地为客户带来收益或节约成本，同时与竞争对手相比，它具有难以模仿的独特性。从这个意义上说，能否正确认识企业的核心竞争力是制定出目标清晰、具备可操作性的发展战略的第一步”。

当然，企业竞争优势必须是独特的，否则它就不可能有更大或更强的竞争力。因此，家族企业要想做到久而不倒，关键要练好内功，不要把太多的时间花在同政府的关系上。所以，家族企业创始人在经营中，与官员保持适当距离就尤为重要。

第一节　慎用“关系”，提升企业竞争力

在很多时候，一些家族企业经营者认为，拉关系比经营更重要。我们经常听见一些家族企业经营者说“我认识谁谁谁”。其实，在北

京中坤投资集团董事长黄怒波看来，这样的观点是有失偏颇的。

黄怒波认为："企业家要与权力严格切开，现在倒一个大贪官就倒一批企业家，这个时代一定要过去。企业家一定要保有企业家的独立人格，过去创业没有钱，肚子也饿，有时候做点下三烂的事情也是有可能的。但是现在衣冠楚楚，在这个时候我们要考虑到尊严和人格，不为钱财再去低头哈腰了。"

黄怒波的观点与马云的观点不谋而合，马云曾经在中央电视台《赢在中国》栏目中这样评点创业选手："我没有关系，也没有钱，我是一点点起来，我相信关系特别不可靠，做生意不能凭关系，做生意不能凭小聪明。做生意最重要的是你明白客户需要什么，实实在在创造价值，坚持下去。这世界最不可靠的东西就是关系。"

马云的观点非常有代表性。毕竟中国经过30多年的改革开放，市场也日趋饱和与成熟，法制也逐步健全和完善。

如果家族企业经营者还是按照僵化的思维去经营，那么这样的家族企业经营者无疑是先烈。马云曾在多个场合提醒家族企业经营者：在20世纪80年代的中国，创业靠勇气就可以成功；20世纪90年代的中国，创业靠关系就可以成功；而21世纪初叶的中国，创业必须靠知识、能力才能成功。

这样的观点得到了新东方创始人俞敏洪的认可。2008年4月6日，俞敏洪在创业英雄会上演讲时就提醒创业者："不要抱怨这个社会是要靠关系的，不要抱怨这个社会不公平，既然有这么多不公平，我和马云又是怎么走出来的呢？"

不管是马云还是俞敏洪，他们创业成功，都是依靠自己正确的市场判断，敏锐的洞察力，而并非关系。

不可否认的是，在某种程度上，拥有广泛的社会资源以及良好的社会关系不仅可以让家族企业渡过难关，而且还可以开拓新市场。但是，一旦过分依赖关系而忽略了企业的经营，那么企业的倒闭只是迟早的事情。

马云曾在多个场合告诫家族企业经营者，凡是整天热衷于围着政府官员转的企业，很难有大的成就。随着市场经济游戏规则越来越健全，官商关系就会越来越趋向于规范，潜规则的影响力将越来越消减①。

在马云看来，关系不是企业的核心竞争力，关系随时会不存在。只有真正地提升企业的经营管理水平，才能从根本上解决企业竞争力问题。面对沪粤两位书记对马云的关注，马云却看得很清楚，因为他知道"关系最不可靠"，这句话自然有它的道理。

马云认为，杭州才是最好的创业地点。当初马云毅然离开上海，他是如何看待上海的创业环境的呢？

时间回到 2008 年 1 月 27 日，在上海市政协十一届一次会议上，时任上海市委书记的俞正声要求反思"上海为何留不住马云"，并表示"为上海失去这样一个由小企业发展而成的巨型企业感到相当遗憾"②。

一个月后的 2008 年 2 月 20 日，时任广东省委书记的汪洋率广东省党政代表团在"华东学习考察活动"中专门到杭州考察阿里巴巴公司。

汪洋考察后，对马云的创业精神和阿里巴巴的商业模式给予了充分的肯定和赞许。众所周知，马云向来都是一个高调的企业家，然而让媒体意外的是，针对沪粤两位书记的褒奖和自己当初的选择，马云却谢绝了记者的采访。

当然，马云为何离开上海这样的疑问依然带给记者诸多好

---

① 杨涛.官商关系折射市场经济改革方向[J].中国民商，2013(7).

② 若寒.马云谈离沪初衷：回杭州能得到更多重视[J].市场瞭望(上半月)，2008(7).

奇。2008年2月29日,《中国青年报》记者魏和平通过“最具想象力的互联网”找到了马云2007年的一篇演讲稿。然而,让魏和平没有想到的是,正是马云的这篇演讲稿详细地解释了自己为什么要离开上海的真正原因。

在该演讲中,马云提到:“以前,我把总部放在上海,在淮海路租了一个很大的办公室,装扮得漂漂亮亮的,觉得有可能利用一些关系来发展阿里巴巴,结果一年以内特别累心,招人招不到。他们说阿里巴巴是哪儿的公司?几乎没有人理我们。最后,我们决定从上海撤离,先是选定了北京,最后觉得还是回杭州好。”

马云还谈道:“当时,我自己安慰了一下,我想假如说在北京和上海,我们是500个孩子中的一个,在杭州,我们是杭州唯一的孩子,至少我们能够受到更多的重视。”

的确在国内很多地方,特别是一线城市的上海,比较喜欢跨国公司、世界500强。马云说:“因为上海比较喜欢跨国公司,喜欢世界500强,只要是世界500强就有发展,但是如果是民营企业刚刚开始创业,最好别来上海。”

另外,作为“乡下人”的马云在上海期间,感受比较深刻的是在上海人看来“我们都是乡下人”。马云说:“作为一个大都市,不应该比哪里的楼高、哪里的路宽,而应该看一个城市的胸怀有多大,应该考虑怎么包容外地人来创业。”

马云坦言:“我想,上海有今天,是因为有很多不会讲上海话的人融进这个城市,帮助这个城市的成长。所以,我觉得一个城市第一要投资的是人,第二要建立良好的投资环境,第三,一个城市的激情非常重要。”

马云离开上海到杭州创业,自然有马云的道理。根据调查显示,曾经被很多民营企业看好的上海，商业成本正变得越来越高，截至2007年6月，有7 000多家浙江的民营企业撤离上海，而把总部或重要部门迁往杭州、宁波、香港。而广东的中小企业数量虽然是全国第一，但却没有孵化出像阿里巴巴这样的创新型的电子商务企业①。

不可否认的是，作为浙江省会，杭州给予中小企业很多的支持和较好的创业环境，才有阿里巴巴这样的公司。而上海和广东虽然有较多的中小企业，却没有能够做到世界顶级公司，这样的问题无疑就引起时任上海市委书记俞正声和时任广东省委书记汪洋对创业环境的反思。

对此，清华大学中国创业研究中心副主任雷家骕认为，一个城市的商业文化和创业成本对正在成长中的民营企业来说是很重要的。

雷家骕说："对刚开始创业的小企业来说，不管是不是高科技企业，生存都很艰难。"

企业要生存，首先要有足够的现金流，然后做到逐步赢利，但刚开始创业的企业基本上都是亏损的，就是马云创办的阿里巴巴也是先亏损了3年才开始走向赢利②。

雷家骕坦言："一些土地、税收、人才引进等政策，都是对大中型企业做一些'锦上添花'的事情，但很难对小企业、创业企业做到'雪中送炭'。"

第二节　做生意不能凭借"我认识谁谁谁"

不管是开拓市场，还是融资，很多家族企业创始人都过分地把精力放在政府和银行身上。

---

①② 若寒.马云谈离沪初衷：回杭州能得到更多重视[J].市场瞭望(上半月)，2008(7).

其实,这样的做法是不可取的。马云坦言,在企业融资过程中,家人、亲戚和朋友才是融资最便捷的选择。马云说:“阿里巴巴至今未拿过银行和政府一分钱,我当初一家家(银行)敲门,一家家被拒绝。”

事实上,马云曾多次告诫过家族企业创始人,不管是开拓市场,还是融资,都不要过分地依赖政府,因为过分地依赖政府就势必影响家族企业创始人制定科学的战略。马云坦言,在家族企业融资过程中,千万不要完全依赖银行贷款,家族企业创始人必须掌握最便捷的融资方式。

为此,马云回顾了阿里巴巴的融资过程。2004 年 2 月 17 日,日本软银集团向阿里巴巴再次投入 8 200 万美元。而当 8 200 万美元的资金到位后,阿里巴巴的发展犹如“猛虎加之羽翼,而翱翔四海”。可以说,该笔风险投资是阿里巴巴发展过程中获得的最大的单笔投资,同时阿里巴巴获得 8 200 万美元的投资也创造了中国互联网历史上最大的单笔私募记录。

这个记录被媒体记者作为采访的关键问题时,马云的回答更加让媒体记者大惑不解,马云说:“你们应该恭喜的是我们的投资者,而不是我们。”

或许,马云这样做必然有自己的想法。在很多场合下,马云都认为,阿里巴巴之所以能够得到高盛、软银的投资,不仅靠的是实力,而且还依靠自己的个人魅力和他所领导的团队。

在马云看来,开拓市场也好,还是融资也罢,不仅要坚持“不要过分依赖政府和银行”的原则,同时他对大部分投资者是不买账的,因为马云要寻找的是能够与阿里巴巴共同成长的策略投资者。

阿里巴巴能够熬过冬天,又能够异军突起,马云的非同寻常的融资之道是一个重要原因。如今,马云融资已成为业界传奇。马云之所以能说出那番话,正是他这么多年闯荡商海的经验之谈。在争取风险投资时，马云一直强调："不要相信关系，世界上最靠不住的就是关系，你需要做的就是保证你的客户真诚度和满意度。"

马云多次指出，要想将家族企业做强做大，就必须放弃"关系就是生产力"的想法，踏踏实实地经营企业，这样的话，家族企业做强做大的可能性比找关系要大得多。

马云提醒家族企业创始人，要善于利用各种资源，也包括政府资源，这对任何一个家族企业的成长都十分重要。但是实际上，政府提供的资源是有限的，对于家族企业创始人来说，关键要提升企业的竞争优势，而决不能把希望全都寄托在政府的帮扶上，否则将非常危险。

第五章
投资决策科学合理

在“家族企业长盛不衰的秘诀”培训课上，一位中层经理抱怨说：“在我们公司，我舅舅，也就是我们老板，常常在一些重大决策上不和我们这些高层经理商量，上千万元的投资都是通过拍脑袋的方式作出的决策。在金融危机的今天，使得我们的经营困难重重。”

从这个中层经理的抱怨中不难看出，在中国家族企业中，企业创始人常常都会犯这个拍脑袋决策的错误，究其原因就是，过去30余年中，中国经济处于高速发展阶段，机会随处都是，在一个机会型市场内，13亿人的大市场做什么都赚钱时，科学、系统地作出某些重大决策似乎就显得多余了。

然而，这部分中国家族企业创始人不知道，在企业经营中，系统地作出某些重大决策主要是针对企业未来的发展方向，关乎着企业长期的、全局的和动态的市场竞争。这就决定了决策都必须是为企业基于特定资源积累核心竞争能力。因此，家族企业创始人在作出决策时，必须科学合理，尽可能地杜绝“拍脑袋”决策。

第一节 一年企业靠运气，十年企业靠经营，百年企业靠文化

对于任何一个家族企业创始人而言，都想将自己的家族企业做强做大。然而遗憾的是，一批一批的家族企业注册成立，放鞭炮庆祝开张；同时，另外一批又一批的家族企业却宣布倒闭，人去楼空。

据北京华夏圣文管理咨询公司进行的调查，其中经营10年以上的家族企业仅有10%。每年在中国新成立的家族企业有15万家左右，同时有10万多家企业关门。家族企业中制造业领域企业最多，占74%，其中90%左右以家族形式经营。

在我们30多年的市场经济改革过程中，曾经涌现出了一大批著名企业，但是它们很快又在我们视野中消失。如果是真正按照市场经济规则运行，企业的生死存亡本来是极其正常的事情，但在对众多失败企业的审视之后，我们发现中国家族企业总是倒在同样的错误面前。

是什么原因导致了这些家族企业倒闭的呢？有人认为是在原材料价格上涨、劳动力成本提高、加工贸易政策大幅收紧、出口退税率不断下调、人民币持续升值等诸多因素影响下倒闭的；可能也有人认为，中小家族企业是因为缺乏可持续性战略而导致的倒闭；可能也有人认为是由于国外贸易保护严重，出口型中小家族企业拿不到订单，或者国外购买力贫乏而导致的倒闭。

不可否认的是，在金融危机的影响下，宏观经济环境趋紧是导致中小家族企业倒闭，特别是长三角企业出现“异常倒闭”现象的一个重要原因，但是经过我们几年的研究分析，上述诸多原因只是问题的一方面，其实，最核心的还是“拍脑袋”决策。

那些倒闭的中小家族企业在金融危机之前大部分都进行过大规

模盲目投资，当然，这也是倒闭潮的罪魁祸首。在宁波慈溪，被人称为“完全靠低价来做市场的冰箱制造行业”就是其中的一个典型代表。

位于东海之滨的浙江慈溪，不仅历史悠久——春秋时属越，秦代设县，古称“句章”，至唐开元二十六年(738)始称慈溪，县治在今之慈城。而且交通便利，区位和交通优势十分明显——东离宁波60公里，北距上海148公里，西至杭州138公里，是长江三角洲经济圈南翼环杭州湾地区上海、杭州、宁波三大都市经济金三角的中心。

如此优越的条件无疑给这样的土壤提供了发达的商业条件。在21世纪初，慈溪就被誉为中国大陆地区三大家电制造基地之一。

在2008年金融危机爆发前，特别是2000年至2007年，中国企业借着中国经济发展的东风可以说是如鱼得水。具有敏锐市场意识的浙江慈溪企业老板决不会放弃这样的市场机会。从2005年开始，很多慈溪企业老板就开始投资建厂生产冰箱。

然而，这样的转变说起来非常简单。在慈溪企业老板的意识中，“只顾着投身去赚钱”就可以，却没有过多地考虑企业的发展前景。2007年，一个老板在饭桌上谈着谈着就拍板，他要进军冰箱产业。

据媒体报道，这个老板原来是养兔子的。

连养兔子的老板都要生产冰箱，可想而知许多投身到冰箱行业的企业老板都是“门外汉”，那么这些从来没有涉足家电产业的企业老板为什么都要投身冰箱制造行业中呢？据媒体披露，这些老板认为，冰箱制造是当时最赚钱的行业。

从宁波慈溪市经济发展局曾经公开的数据可以印证媒体的

观点，2007 年慈溪冰箱的产量突破了 500 万台，到 2007 年年底，慈溪从事冰箱生产的企业约 50 家，设备投资超过 1 亿元。在 2007 年，还有 10 余家企业老板有涉足该领域的意向。

在慈溪，有媒体曾用“异军突起”来形容当时许多企业投资冰箱行业的勇敢与冲动，然而，这股冲动在 2008 年画上了休止符。在 2008 年的金融危机中，接到订单的冰箱生产企业已经不超过 10 家了。

连养兔子的企业老板都敢去上冰箱生产线，从上述这个案例中我们不难看出，一个低则百万元高则千万元乃至上亿元的投资项目，老板在饭桌上谈着谈着就拍板了。

这样重大转型的决策仅靠“拍脑袋”就能作出，听起来非常不可思议。事实上，这样的“拍脑袋”决策每天都在进行着。许多中小家族企业经营者在决策时往往都是靠“拍脑袋”，这才是导致珠三角、长三角中小企业倒闭频现的重要因素。

家族企业创始人为什么会热衷于“拍脑袋”决策呢？原因有如下几个：

(1) 经营者盲目自大。由于近几年 EMBA 培训了不少家族企业创始人，当这些家族企业创始人接受了一些短期 EMBA 教育并且拿到结业证之后，再加上其自身曾经取得过一些骄人的业绩，于是这些家族企业创始人便自认为自己已经具备了一个合格战略规划家的能力了。当这些家族企业创始人在 EMBA 课堂上学会了那些专业的时髦的企业管理术语之后，对于家族企业的管理更加理直气壮了，缺乏征询专业人士意见和礼贤下士的传统，对很多适合于家族企业发展的正确建议和方法往往难以接受，一些看来非常明显的错误也会在家族企业中一再出现。而很多战略决策总是朝令夕改，令家族企业中层经理和一线员工根本无所适从。

(2) 缺乏系统的战略思维。缺乏系统思维是中国家族企业家绕不过去的门槛,也是摆在中国家族企业做强做大面前的一个显著的"短板"。

(3) 缺乏前瞻性和长远战略思维眼光。在家族企业初创时,选择何种赢利模式往往应考虑企业的发展前景、行业和营销渠道等因素,然后才是现阶段薪金福利等非常现实的问题。然而,中国家族企业会怎么做呢?据北京华夏圣文管理咨询公司的调查结果显示,75.43%的家族企业经营者靠与地方政府某一个要员搞好关系,或者钻空子等因素来选择家族企业的经营方向。

(4) 缺乏系统的企业管理培训与教育。在很多家族中,一部分家族企业创始人由于缺乏系统的企业管理培训与教育,其自身的管理素质无疑无法胜任较大规模的企业经营。此刻,一些家族企业创始人的远大抱负往往会将家族企业引入倒闭的边缘。

(5) 片面理解企业战略。在很多家族企业中,家族企业创始人常常片面地理解企业战略,这也是阻碍家族企业发展的一个重要因素和中国家族企业创始人经常犯的一个错误。然而,在很多企业家论坛上,很多家族企业创始人妙语连珠纵论企业战略,甚至还时不时地批判如科特勒等营销大师或者其他管理大师的系统思想。客观地说,根据中国国情制定的战略比盲目照搬西方国家的战略思想要好得多,但是一旦片面地理解企业战略,只把企业战略停留于表面,这样的做法是不可取的。我们从很多失败企业中都可以看到种种类似的问题,这是家族企业创始人常犯的错误之一,值得家族企业创始人深思。

第二节 决策和管理决定企业成败

素有"现代管理之父"之称的彼得·德鲁克(Peter F. Drucker)认为,决策就是判断,是在各种可行方案之间进行选择。

而哈佛商学院认为，决策对于企业的作用非常巨大，可以说，企业成败主要取决于决策和管理两大因素，其中决策因素占 80%、管理因素占 20%。

从哈佛商学院的观点来看，决定企业成败的绝大部分因素还是在决策上，从这个意义上说，家族企业创始人的决策关乎着企业的做强做大，更关乎着企业的生死。

从这一点讲，提高家族企业创始人的科学决策能力，不仅仅是提升家族企业创始人领导力的具体表现，同时也是企业持续快速发展的核心。

研究发现，中小家族企业创始人并非在每项素质方面都有着较高的水平。因此，要想将家族企业做强做大，就必须提高家族企业创始人的领导能力和素质。就中国家族企业创始人队伍整体而言，其素质状况既有值得赞许的方面，同时也还存在一定的缺陷，主要在于以下四个方面：

（1）文化素质不高。中国诸多家族企业培养了一大批不同类型的企业家，但是这批企业家却在文化素质上参差不齐，差异非常大。在改革开放中，早期创业的企业家大多数是农民和个体户，一般文化素质相对较低，有的是因为没有考上大学，有的是因为家庭非常贫穷而被迫创业的。可以说，这一批家族企业创始人文化层次都不太高。而且从总体看，中国企业家队伍中高学历层次的人才仍然不太多，初高中以下学历者占 80%～85%。

（2）缺乏系统的经营管理专业和知识的培训。很多家族企业创始人根本没有上过大学，也从不知晓企业经营管理理论，大多数家族企业创始人都比较重视经验，不太相信理论，缺乏理论修炼的动力与时间。

（3）市场运作经验积累有限。当然，从改革开放到现在也不到 40 年，由于中国实行市场经济的时间相对较短，市场经济本身还不太成熟，特别是对资本经营运作、国际市场经营运作等方面缺乏必要的认识，甚至经常在国外的风险投资，或者跨国企业的诱导下，签订了许多不利于自己的融资条款。

(4) 小生产观念残余仍然存在。由于中国职业经理人管理模式还不成熟，很多家族企业创始人依然没有跳出家庭式管理的樊篱。其管理方式和手段，逐渐与大企业、大经济运作不相适应。

可以看出，不管有没有金融危机，很多中国家族企业由于创始人缺乏战略思维，从而阻碍了家族企业的发展，其中一个较为显著的特点就是——“寿命短，长不大”。研究发现，中国家族企业真正发展的黄金时期大多数在2～4年，当企业在经历了黄金发展时期之后往往会出现以下三种情况：

(1) 倒闭。很多中国中小家族企业在经历了高速发展之后，由于创始人缺乏整体的战略思维，从而盲目扩张，甚至是陷入投资“大跃进”，结果使得家族企业迅速倒闭。

(2) 长期停滞徘徊。很多中国中小家族企业在经历了高速发展之后，企业很难突破坡顶瓶颈，从而使得家族企业陷入长期停滞。

(3) 迅速做强做大。这部分家族企业属于少数，由于家族企业创始人非常主动地进行战略规划，使得家族企业的发展都按照战略规划的步骤来进行。特别是在做到一定规模后，绝不盲目投资和武断冒进，从而避免了诸多家族企业倒闭或者长期停滞徘徊的情况出现。

中国诸多中小家族企业由于缺乏科学、整体的战略规划，当遇到发展瓶颈时很难突破，企业往往像流星一样一个又一个辉煌地崛起，然后一个又一个悲壮地倒下。

第三节　确保科学的战略决策

在面对重大机遇时，科学决策是家族企业稳定发展的一个重要保证。什么是科学决策呢？所谓科学决策是指决策者凭借科学思维，在充分调查研究的基础上，把握趋势，利用科学手段对大问题做出决定，并提出目标、方法、策略等。科学决策必须具有以下三个特征：

（1）程序性。决策的程序性主要是指家族企业创始人在科学决策时，绝不能头脑发热，信口开河，更不能独断专行简单拍板，随意决策，必须按照一定的程序，充分依靠家族企业领导班子及所有员工的集体智慧，从而有效地运用决策工具和方法来选择最佳的方案。

（2）择优性。决策的择优性主要是指家族企业创始人在科学决策时，要在多个方案的对比中寻求能获取较大效益的最佳方案，可以说择优是决策的核心。

（3）指导性。决策的指导性主要是指家族企业创始人在科学决策时，特别是在管理活动中，决策一经作出，就必须付诸实施，对整个管理活动、系统内的每一个人都具有约束作用。

作为家族企业创始人，不管是面对机遇还是危机，都要尽可能集思广益，据此做出正确决策。对不同看法，通过交锋、论证提出可供选择的方案。不可否认的是，在企业经营中，任何决策者都不可能保证自己作出的每一个决策都是正确的，这也是不现实的；就如在战场上，任何一个将军都不敢保证自己能百分之百地打胜仗一样。

既然决策的作用如此重要，那么如何避免家族企业创始人在决策时的随意性，动不动就“拍脑袋”决策呢？为了科学地进行决策，业内专家建议按照以下六个步骤进行。

（1）确定决策目标。确定决策目标是决策时的出发点。当然，决策目标的确定不是随意而为，家族企业创始人在作出决策时必须搞清楚该项决策能解决企业的哪个具体问题。这就决定了制定的决策目标必须具体、明确，尽可能量化。

（2）搜集相关决策信息。在作出决策之前，搜集信息是不可或缺的一个步骤。当制定决策目标后，家族企业创始人就必须集中时间和精力广泛地搜集相关的、数量庞大的、影响决策目标的各种信息资料，从而将这些相关信息作为决策参考的根据。

(3) 提出备选方案。在作出决策时，必须满足科学决策的特征——择优性。这就要求家族企业创始人针对决策目标做出若干可行的备选方案。提出可行性的备选方案是科学决策的一个重要环节，同时也是作出科学决策的重要保证。什么是可行的备选方案呢？这里主要是指备选方案存在合理性、技术上的先进性、市场上的适用性及资金上的可用性。对此，要提醒家族企业创始人的是，在作出备选决策方案时，每个备选方案都要依据家族企业自身的客观条件，从而更加有效地使得企业有限的人力、物力和财力资源都能得到合理的配置与利用。

(4) 通过定量分析对备选方案做出初步评价。当获得若干可行的备选方案后，就必须把若干可行备选方案的可计量资料先分别归类、系统排列，然后再根据决策目标选择适当的专门方法，比如建立数学模型对各方案的现金流量进行计算、比较和分析，再根据经济效益的大小，以及对企业未来发展的利弊，从而对若干可行备选方案做出初步的判断和评价，依据这个评价建议选择最佳方案。

(5) 考虑其他因素的影响，确定最优方案。确定一个最适合家族企业发展的决策，必须考虑其他因素的影响。也就是说根据定量分析的初步评价，更加全面地考虑各种非计量因素对备选方案的影响。从而把定量分析的初步评价和定性分析的结果相互结合起来，科学合理地权衡利弊得失，再根据若干可行备选方案提供的经济效益和对企业未来发展的利弊进行综合判断，最后选择出最优的决策方案。

(6) 评估决策的执行和信息反馈。在决策时，必须充分考虑决策的执行性，这也是检验家族企业创始人过去所作出的决策是否正确的客观依据。因此，当经过一列程序筛选出的最优方案在付诸实施以后，还须对决策的执行情况进行跟踪评估，从而更加有效地发现决策中存在的问题，再根据出现问题的信息反馈，及时纠正决策中的失误，以保证决策目标的最终实现。

因此，对于那些立志把家族企业打造成百年老店的中国家族企业创始人而言，提升系统思维和科学、合理的战略决策是至关重要的。改变思维僵化和战略决策“拍脑袋”这一缺陷，已经成为摆在家族企业创始人面前一道不能轻易回避且必须跃过的门槛。

第六章
及早地选拔和培养合格的接班人

当中国家族企业第一代创业者倍感自己抓住了一个好时代时，一个不容忽视的问题是，在中国改革开放浪潮中下海创业的第一代创业者已经多半年过花甲，或者已步入耄耋之年。

如前所述，尽管中国家族企业第一代创业者已经取得非凡的业绩，但是也不过是“夕阳无限好，只是近黄昏”。

此刻，对中国家族企业第一代创业者而言，一个重要的问题摆在眼前，那就是在自己谢幕之前，尽快地完成交接班，从而实现家业永续。

然而，尽管许多中国家族企业第一代创业者谢幕的时间临近，仍然有许许多多的家族企业创始人还在独自坚守他们开创的事业，这让人不得不想起几年前一部分家族企业创始人突然辞世，而正在上学的接班人不得不肩负起家族企业重任的情形。

之所以出现家族企业内部“权力真空”现象，是因为家族企业缺乏接班人计划，或者是中国家族企业第一代创业者压根就没有想过要交班。这也是许多第一代家族企业没有继续生存下来的一个重要原因。

其实，家族企业创始人从创业那一天起，让接班人接班的问题就已经存在，他们大多将自己的家业传承给自己的子女。既然让下一代接班是早晚的事情，家族企业创始人就必须及早制定接班人计划。比如，通用电气的前 CEO 韦尔奇用了 7 年的时间斟酌挑选他的接班人；雀巢 CEO 包必达从上任第一天开始就已经着手培养接班人；方太集团的创始人茅理翔早在交班前的七八年就开始对儿子茅忠群进行培训和教育，使其尽早独当一面[①]。

事实证明，在确定接班人问题上，“临危授命”是最不可取的，这会给家族企业带来极大的不确定性和危机。因此，“未雨绸缪”才是正确之道。所以，对于家族企业创始人来说，在大多数情况下，相对于寻找现成的、人品与能力俱佳的、能够接班的“英雄”，从企业内部去培养接班人是更为现实的解决之道[②]。

第一节 凡事预则立，不预则废

对于任何一个家族企业而言，要想让企业基业永续，就必须及早地选拔和培养合格的接班人。纵观众多伟大的家族企业，它们之所以能基业长青和永续经营，都离不开企业创始人很早就重视选拔和培养接班人，这在很大程度上促进了家族企业的高速、持续、稳步发展。

当然，对于任何一个企业来说，接班人计划都是一项长期的系统工程，它需要企业科学系统的规划，而对建立在家族利益之上的家族企业来说，更是如此。

也就是说，培养家族企业接班人必须“凡事预则立，不预则废”。这句话的意思是，无论做任何事情，事先谋虑准备就会成功，否则就要失败。

---

① 刘庆.中国民营公司接班人计划的挑战与前景[J].瞭望东方周刊，2011(9).
② 白勇.家族企业接班人计划最难传承的是企业家精神[J].商界，2011(7).

对于家族企业而言，要想基业长青和永续经营，家族企业接班人的选择和培养只能是宜早不宜迟。

对此，著名经济学家厉以宁曾公开告诫企业经营者："企业领导人只有提前制定接班人计划，敢于及早放手，尽快培养下一代或者可以信赖的其他接班人，让他们从基层一步步锻炼成才，方能未雨绸缪，保持企业持续发展。"

英雄所见略同，均瑶集团董事长王均金对于家族式企业传承也持同样的观点。2010 年 5 月 19 日，在"中国企业领袖年会——2010 香港论坛"上，王均金坦言："企业如果要传承，首先要在小孩身上下功夫，使他们有正确的价值观，能将人生看得很清楚。有潜力和能力的就要培育，如果没有能力的话，扶上去也没有用的。"

在王均金看来，想把企业做成代代相传的"百年老店"，必须要在子女还很小的时候就开始筹划，如果发现子女的确无法胜任接班人的角色，不要为了所谓的"自家生意"而强迫子女接管企业，否则只会事与愿违。

众所周知，"昨天的太阳永远晒不干今天的衣服"。这个道理对于家族企业的接班人来说同样适用。因为家族企业创始人从创业的那一天开始，他们就深知，如果不及早地培养二代接班人，家族企业的永续经营就只能成为一句空话。

家族企业之所以能够占据世界 500 强的三分之一还多，主要取决于对接班人的选择及培养，这也是家族企业生存和发展的关键。对此，美国《家族企业》杂志发表了评论文章谈道："家族式企业在代代相传的经营压力下，如果能够选择优秀的继承人，那么相对比要求巨额报酬的职业经理人更加实际和实用。这句话是很有道理的。现在聘请一个职业经理人需要百万，甚至是上千万美元的年薪，所以家里如果有一个优秀的继承人就一定比请外人强。那么如果没有的话，家族企业就必须未雨绸缪，正如中国帝王的传承一样，从很早就应该开始准备。”

从以上评论可以看出，及早地重视选拔和培养二代接班人是家族企业能够永续经营的重要因素。

换言之，家族企业家只有提前制定接班人计划，敢于及早放手，尽快培养下一代或者可以信赖的其他接班人，才能未雨绸缪，保持企业持续发展。

对此，第十一届全国政协委员、香港李锦记健康产品集团主席兼行政总裁李惠森曾撰文指出："推动家族企业的良性发展，绝不只是家族企业的家事或私事，而是坚持科学发展、构建和谐社会事业中不可或缺的重要一环。家族企业的传承与发展受到很多因素的影响，其中关键的是创业者与守业者在生活阅历、思想观念、知识结构、价值取向和市场把握等方面存在较大差异。未来 5 年至 10 年是家族企业传承换代的关键时期，随着这个交接高峰期的来临，越来越多的家族企业家的下一代将接过父辈的接力棒，成为家族企业新的掌舵人。同时，他们也将成为推动我国企业转型升级的重要力量，成为转变经济发展方式的重要参与者、完善市场经济体制的重要推动者。企业家二代的培养工作，离不开社会各方面的支持。高水平的培训机构固然有利于企业家二代的成长，但实践证明，只有全社会的重视和家族企业的自我教育，才是解决家族企业传承与发展问题的根本之道。"①

从李惠森的话中不难看出，家族企业的接班问题比非家族企业更加简化，因为家族企业从开张的那一天起，创始人就知道将企业传给自己的后代，而非家族企业就不同，在不同的时期、不同的经营中，频繁更换 CEO，这就影响了非家族企业接班人的传承。

谈到接班人的传承，我们经常会拿《三国演义》中的诸葛亮来举

① 李惠森.要重视培养家族企业接班人[N].中华工商时报，2011 - 03 - 05.

例，因为在中国人心中，诸葛亮被历代的统治者神化。然而这个被历代统治者神化的人物却有不为人知的一面，那就是因为诸葛亮是一个职业经理人，为了自己能够权倾朝野，根本就没有意识去培养接班人，从而导致蜀国政权的覆灭。

的确，在《三国演义》中，诸葛亮之败，也有当时复杂的政治、经济和军事等方面的很多因素，对于诸葛亮的失败问题，联想创始人柳传志在接受媒体采访时谈到了诸葛亮作为一个职业经理人的不足之处。

柳传志认为诸葛亮的失败还是源于他本人培养人才不力，这肯定是主要原因之一。他说："在诸葛亮用兵点将的时候，我们很难看到核心团队成员的决策参与，更多是诸葛亮个人智慧的专断，这种习惯导致了后来蜀汉政权内部对诸葛亮的绝对依赖，广大谋臣及将领缺乏决策的实际锻炼。后来诸葛亮身居丞相高位，工作多亲力亲为，没有放手着力为蜀汉政权造就和培养后续人才，以致造成后来'蜀中无大将，廖化充先锋'的局面。诸葛亮最后选定姜维做接班人，也主要还是让姜维任事，对姜维如何定战略、如何处理内政，尤其是处理与成都朝廷集团的关系等方面缺乏悉心培养指导。诸葛亮这么干不行，连他的对手司马懿也看出来了，说孔明'食少事烦，其能久乎！'，每次吃得那么少，事务繁杂又事必躬亲，肯定活不长了。果然不久诸葛亮就积劳成疾，过早离开了人世。我没有半点亵渎诸葛亮的意思，主要是哀其不幸，也感叹其误己，竟以至于最后耽误了蜀国的大业。回想到我们搞企业的人中，有不少人立意都很高远，也不乏雄才大略，过程也很精彩，但企业最终却失败了，我们从诸葛亮身上要吸取什么教训？"①

---

① 柳传志.选好自己的接班人：诸葛亮的失误与启示[N].中华工商时报，2007-05-14.

我们从柳传志的观点中不难理解，在非家族企业中，职业经理人为了自己的权势和利益，他们会排斥对接班人的培养，或许中国大陆改革开放还不到40年，对职业经理人还比较陌生，目前还没有完善的职业经理人制度。

相反，北京华夏圣文管理咨询公司在分析1 523个家族企业接班人培养的样本后，发现家族企业创始人对接班人的培养更加重视。我们来看看李嘉诚解决接班人问题的方法。

长江实业集团有限公司董事局主席兼总经理李嘉诚为了能够让长子李泽钜、次子李泽楷顺利接班，采取了自己独特的培养方式进行锻炼。次子李泽楷美国斯坦福大学电脑工程系毕业后，于1990年回到香港，加入其父旗下的和黄资产管理委员会。

李泽楷经过一段时间的锻炼实习，李嘉诚就开始支持他另辟新径，独闯天下。

1991年，李泽楷创办香港卫视。

1993年，4亿美元卖掉卫星电视大部分股权，引发世人瞩目。同年，创办盈科集团。

1994年，成为经济论坛成员，获选《时代》杂志全球百名新一代领袖之一。

1995—1997年，盈科集团在多伦多、北京、东京等地发展地产项目。

1998年3月，盈科集团与Intel组合Pacific Convergence Corporation(PCC)。1998年10月，获选《时代》杂志全球三十大科技巨头。

李泽楷不负众望，创办了盈科数码，并通过资本运作进入电信业。李嘉诚让李泽楷独自创业，可谓是一箭四雕：

（1）解决了长子李泽钜、次子李泽楷在同一家公司可能出现的管理问题；

（2）让李泽楷独立发展，给李泽楷一个独立锻炼的机会；

（3）通过赛马为未来选拔接班人做好准备；

（4）为李氏家族寻找到了新的发展机会。

第二节　接班人必备的八种企业家职业素养

众所周知，选择最合适的接班人是家族企业权力交接成功的关键所在，也是家族企业得以生存和长远发展的前提条件。如果对家族企业的接班人的选择不合适，那么家族企业的未来就像是一艘漂浮在茫茫大海上的大船，迷航或者是沉没只是早晚的问题。

因此，在选择接班人时，家族企业创始人必须着重评估接班人是否具备以下八种素质：

（1）良好的诚信品质和强烈的责任感。在推动家族企业发展的过程中，接班人良好的诚信品质和强烈的责任感是维护企业信誉及品牌形象的重要推动力。

（2）精力充沛，勤奋实干。在家族企业经营中，接班人不仅需要充沛的精力，同时还需要勤奋实干的工作激情。

（3）有顽强的毅力，敢于面对现实与困境，敢于竞争。在日常经营中，接班人只有具备了顽强的毅力，敢于面对现实与困境，敢于竞争，才能承受巨大的工作压力，才能在企业发展的紧要关头保持情绪稳定，才能将风险转变为机遇。

（4）根据事物的发展变化审时度势地作出机智果断的应变决策的能力。接班人只有具备这种敏锐的市场洞察力，才能有效地抵御和规避市场风险。

(5) 善于沟通。沟通在管理中的作用非常重要,接班人必须善于沟通,并能从交往中获取有价值的信息。

(6) 不墨守成规,勇于开拓创新。只有不断创新的领导者,才可以使企业保持欣欣向荣的生机和活力。

(7) 具备全面、扎实的专业知识与能力。这里要求接班人具备的知识和能力,主要包括经济知识、行业知识、企业和产品知识、专业技术知识和技能、财会知识和理财能力,以及商务知识和能力等。当然,对于接班人而言,必须具备管理知识和能力,也就是说接班人必须具备提高企业管理效率的现代企业管理知识,还应有优秀的计划、组织、指挥协调与控制的能力。

(8) 卓越的管理能力。具备卓越的管理能力,管理者就可以把握企业发展的方向,从战略的高度统筹规划,合理地安排企业的人力、物力和财力,并予以有效控制,最终实现企业的经营目标,真正做到"运筹帷幄之中,决胜千里之外"。

家族企业创始人必须要选拔具备良好职业素养,掌握现代企业管理本领,有丰富的实际工作经验和优秀业绩的人作为接班人。其中,良好的职业素养尤为关键,因为这种素质通常是先天的遗传因素与多年的生活、学习、工作积累而形成的,很难在短时期内发生改变。

第三节　把接班人的培养问题提上议事日程

对于任何一个家族企业而言,在成为百年老店的过程中不得不面临一个十分棘手的问题——继承。可以肯定地说,家族企业能否被下一代接班人所延续并保持其繁荣,这在很大程度上取决于家族企业创始人能否有效地解决好接班人的继承问题。

然而,"富不过三代"就像一个魔咒一样,时刻提醒家族企业创始人要保持足够的警醒。当然，这也意味着家族企业二代接班人在接棒时的不容易，以及所面临的困难。

研究发现，至少有80%的家族企业在第二代手中倒闭，仅仅只有13%的家族企业能够成功地传到第三代。

或许家族企业创始人没有想过，自己创下的家族事业何等风光，然而这些家族企业却在众多的二代、三代接班人手中黯然失色，落得“败家子”命运者比比皆是。

要想解决这个继承中的矛盾问题，就必须把接班人的培养提上家族企业的议事日程，有计划、有步骤地实现权力的平稳过渡。家族企业创始人不希望自己辛辛苦苦创下的辉煌的家业，因为未能解决好接班人问题而被毁于一旦，他们渴望家族事业能被下一代完完整整地接管下去，并继续保持繁荣和不断得到发展。

事实也是如此，接班人问题解决得较好的家族企业，通常能依照老掌舵人的愿望发展下去。

不管是家族企业还是非家族企业，接班人培养都是一个非常重要的问题。因为要想基业长青和永续经营，把企业打造成百年老店，就必须成功地将接力棒传下去。如何才能顺利地将接力棒传下去呢？那就要及早地培养接班人，这样才能应付随时出现的企业高层领导者缺位的现象。可能很多企业经营者都觉得这是杞人忧天，特别是那些50岁上下的企业经营者，他们年富力强，这样的建议对于他们来说或许并无紧迫感。但是，残酷的现实却在一次一次上演。

比如王均瑶、李海仓等人的意外去世，由于没有培养接班人，企业都经历了一个动荡的过程。家族企业一旦缺乏接班人及其培养计划，其后果会非常严重。企业创始人只有及早地制定家族企业的继承计划，这样才能避免家族企业出现“权力真空”，导致家族成员为了继承而内斗。

如何有效制定接班人培养计划呢？以下几方面是需要注意的：

（1）接班人培养不能一蹴而就。家族企业接班人的培养其实是一个非常复杂的过程。家族企业创始人应该培养接班人管理、经营、危机公关等各方面的能力。当然，还必须积极获得家庭成员、员工、供应商、顾客等利益相关者的肯定、依赖和支持。让接班人在“军师”的指导下进行企业经营推演，从而在周详计划的引导下接受严格的实战磨练。

（2）重视接班人的培养锻炼，做到未雨绸缪。接班人要成功接班，这可是一段非常漫长的过程。在这个漫长的过程中，必须重视对继承人的培养和锻炼，做到未雨绸缪，以防万一。当然，这就要求家族企业创始人人为地设置数道安全防线，防止不可抗拒因素的发生（如企业主死亡、失能或突发事件出现），从而增强家族企业的抗打压能力。

（3）让接班人明白什么是企业家精神。在家族企业的传承中，无外乎是家族企业创始人向接班人传位子、传股份。然而，让家族企业创始人最头疼的，也是最难传承的是家族企业创始人的企业家精神。客观地讲，财产、技术、管理、知识基础、为人处事等，这些都是显性的资源和能力，相对容易被家族企业创始人传承给接班人。但是，一些隐性的能力——开拓、创新、敢想敢干、勇气、对机遇的把握、快速决策、抗压等，这些企业家精神，是最难言传身教的，必须要有亲身经历才能体会得到。而正是企业家精神，才是基业长青，以及家业长青的决定性因素。①

（4）遵守具体移交日期。继承计划不仅指明具体的接班人，而且还要对交接权力作出详细的说明，继承计划的制定将使现任企业主详细考虑权力移交的各种细节问题，遵守具体移交日期，而不是将自己的退休时间推迟到一个模糊的日子。

---

① 白勇.家族企业接班人计划最难传承的是企业家精神[J].商界，2011(7).

（5）对继承问题提供最大的保护。一旦继承计划确定，家族企业创始人必须对接班人在公开场合表示明确支持，从而给予继承问题以最大的保护，避免潜在接班人将来在家族企业中的作用被赋予无根据的预期。一旦作出书面安排，接班人就成为“钦定”人选，将会制止潜在继承人之间的争夺。潜在接班人之间的争夺应该不惜任何代价地避免，特别是发展到不择手段和牵涉很多有所有权和表决权人的时候。这种“动乱”会摧毁家族关系和家族企业①。

可以说，家族企业创始人制定一个全面的继承计划，无论对家族还是对家族企业都是十分必要的，也是保证成功交接班的一个有效措施。

① 范忠宝：关于家族企业“继承矛盾”及其解决机制[EB/OL].2017.http：//www.lunwentianxia.com/product.free.10011361.1/.

参考文献

[1] 白勇.家族企业接班人计划最难传承的是企业家精神[J].商界，2011(7).

[2] (美)布洛赫.以家族企业为榜样让公司自然生长[J].经理人，2013(1).

[3] 陈凯.李嘉诚分家产欲破解传承难题[N].北京日报，2012-06-13.

[4] 陈昱.日本家族：淡化血缘传承百年[N].华夏时报，2015-08-14.

[5] 陈玉婷."百年维新"带来的强盛——19世纪中期日本明治维新对中国的启示[J].经营管理者，2011(9).

[6] 陈学文.天涯贾客、无远弗届：龙游商帮的历史辉煌[J].浙江外国语学院学报，2014(6).

[7] 程功，沈优君.警惕！金融秃鹫来袭[J].企业家，2011(7).

[8] 董珺.富不过三代？家族企业如何迈过接班生死坎[N].南方都市报，2009-09-30.

[9] 范忠宝：关于家族企业"继承矛盾"及其解决机制[EB/OL].2017.http：//www.lunwentianxia.com/product.free.10011361.1/.

[10] 福布斯中文网.2015福布斯全球家族企业100强[EB/OL].2017.http：//www.forbeschina.com/review/list/002262.shtml

#jump.

[11] 高寿凯.新时期江苏民企该如何更好地传承与发展[N].中华工商时报,2011-08-31.

[12] 关宏超.上市公司股票期权激励的实证分析——以浙江某高科技上市公司为例[J].经济论坛,2008(20).

[13] 何蔚萍.龙游商帮:儒与商之间的密切结合[N].衢州日报,2008-03-24.

[14] 何圣东.家族传统、社会资本与家族企业的演化[J].中共中央党校学报,2003(7).

[15] 胡润百富.胡润全球最古老的家族企业榜(100 名名单)[EB/OL].2017.http://economy.enorth.com.cn/system/2006/06/07/001324788.shtml.

[16] 姜子谦.老字号企业是如何经营品牌的[N].北京商报,2012-08-08.

[17] 嵇康.日本长寿企业的长寿密码[J].财经国家周刊,2012(8).

[18]《科学投资》编辑部.中国民营企业之"死"[J].科学投资,2003(11).

[19] 李卓.日本传统家族制度与日本人家的观念[J].世界历史,1993(4).

[20] 李卓.从家训看日本人的节俭传统[J].日本学刊,2006(4).

[21] 李卓.日本家训的基本特征[J].山西大学学报(哲学社会科学版),2009(1).

[22] 李洪杰.日本终身雇佣制度的发展历程[J].新西部(下半月),2007(10).

[23] 李惠森.要重视培养家族企业接班人[N].中华工商时报,2011-03-05.

[24] 柳传志.选好自己的接班人:诸葛亮的失误与启示[N].中华工

商时报，2007－05－14.

[25] 刘岷.如何消灭企业潜规则[J].中国新时代，2005(7).

[26] 刘庆.中国民营公司接班人计划的挑战与前景[J].瞭望东方周刊，2011(9).

[27] 李冰心.周鸿祎：选择伙伴韧性比激情更重要[N].中国青年报，2007－04－30.

[28] 龙金光.传承与接班人：300万民企的现实焦虑[N].南方都市报，2010－11－30.

[29] 陆雄文.接班须保证领导力延续[N].经济观察报，2012－01－06.

[30] 罗勇.家族企业可持续发展之路探寻[J].产经评论，2005(Z1).

[31] 邱旭瑜.宗教王朝与长寿企业[J].商界评论，2010(2).

[32]（日）平井常雄.论日本终身雇佣制[D].华东政法学院，2006.

[33]（日）野村进.一千年的志气：永不衰竭的企业竞争力[M].北京：中信出版社，2011.

[34]（日）船桥晴雄.日本长寿企业的经营秘籍[M].北京：清华大学出版社，2011.

[35]（日）中本美智代.日本家族企业打破传统[N].英国金融时报，2013－03－25.

[36] 若寒.马云谈离沪初衷：回杭州能得到更多重视[J].市场瞭望(上半月)，2008(7).

[37] 任蕙兰，金姬.豪门接班那些事儿：仅18%富二代愿意接班[J].新民周刊，2012(5).

[38] 王效平.九州工厂员工眼中的户坂修[J].商业评论，2012(10).

[39] 孙瑞.金刚组：千年企业的生存密码[N].经济观察报，2011－08－12.

[40] 孙雅男.吴长江劫后重生[J].英才，2007(10).

[41] 施宇翔.浙商的“祖宗”在哪里？商帮文化教导企业诚信经商

[N].杭州日报,2010－10－31.
[42] 苏龙飞.雷士照明：资本猎手之间的博弈[J].经理人,2010(12).
[43] 沈端民.拜金主义:"梁山聚义"失败的根本原因[J].湖南财政经济学院学报,2011(3).
[44] [汉] 司马迁.史记[M].北京：中华书局,2008.
[45] [宋] 司马光.《资治通鉴》[M].北京：中华书局,2009.
[46] 搜狐网.如何分解服装企业业绩目标[EB/OL].2017.http：//blog.sohu.com/s/NTA2NDMzNTA/188861990.html.
[47] 铁血网.梁山好汉为什么会失败[EB/OL].2017.http：//bbs.tiexue.net/post2_6599332_1.html.
[48] 吴佩军.日本江户时代商家雇佣制度的合理性[J].日本学论坛,2008(2).
[49] 吴志新.日本式终身雇佣制度特征的分析研究[J].文教资料,2006(34).
[50] 吴广泽,戈亚萍.小企业改制中存在的问题[J].中国经贸导刊,2004(23).
[51] 王成荣,李诚,王玉军.老字号品牌价值[M].北京：中国经济出版社,2012.
[52] 王平.宗法宗族思想观念与中国私营企业管理[M].香港：中国评论学术出版社,2003.
[53] 网易财经.2015 全球家族企业 500 强榜单：中国名落孙山[EB/OL].2017.http：//money.163.com/15/0423/18/ANTGENJ200253G87.html.
[54] 肖译曼.探寻日本长寿企业之生存智慧[J].现代企业文化,2010(1).
[55] 小姜.美《家族企业》首推全球家族企业排行榜[N].人民日报(海外版),2003－02－13.

[56]《新营销》编辑部.家族式企业经久不衰的五大特征[J].新营销，2010(5).

[57] 许薇.民营企业内部控制问题浅析[J].经济师，2010(3).

[58] 许锡良.从日本家族企业契约文化，破解日本发展之谜[EB/OL].2017，http：//www.xttop.com/sz/21413.html.

[59] 徐春昕.长寿公司有两大秘诀[J].环球时报，2004-12-29.

[60] 徐宪江.富人不说，穷人不懂：50位亿万富豪白手起家的赚钱哲学[M].苏州：古吴轩出版社，2011.

[61] 杨玉秀.日本“家文化”影响下的家族企业发展[N].中国社会科学报，2012-09-12.

[62] 杨秋红，蒋敦.日本企业的营销策略及其对中国企业的启示[J].商场现代化，2011(15).

[63] 杨涛.官商关系折射市场经济改革方向[J].中国民商，2013(7).

[64] 袁家方.老字号——世界话题[J].北京商业，2009(4).

[65] 姚圣娟.长寿企业的奥秘[J].华东经济管理，2008(3).

[66] 一凡.照明企业：合资办企不能光靠讲义气[N].古镇灯饰报，2009-08-28.

[67] 仲继银.松下幸之助的经营秘学：坚守“自来水哲学”[EB/OL].2017.http：//www.iceo.com.cn/renwu2013/2013/0926/271240_2.shtml.

[68] 赵萌.日本企业长寿密码[J].世界博览，2013(17).

[69]《中国日报》.全球最古老家族的企业百强评出　无华人家族上榜[N].中国日报，2006-06-08.

[70] 章振东.试论中小企业财务管理现状、成因及对策[J].湖南财经高等专科学校学报，2004(1).

[71] 张翔.中国家族企业业绩好于职业经理人公司[N].南宁晚报，2013-09-24.

[72] 张忠炜.秦汉史十二讲[M].北京：中国国际广播出版社，2009.

后　记

皓月当空的午夜，我终于写完了本书最后一行字。追述这段写作本书的日子，如同著名学者王国维在《人间词话》提出的三种境界——“昨夜西风凋碧树，独上高楼，望尽天涯路”“衣带渐宽终不悔，为伊消得人憔悴”“众里寻他千百度，蓦然回首，那人却在灯火阑珊处”一样，可谓是收获颇多。

家族企业课题由于极具争议，很多教授和学者都止步了。不仅如此，主流的经济学家对家族企业怀有偏见地认为是落后的组织，甚至对家族企业嗤之以鼻。

对家族企业怀有偏见的不止中国人，一些欧美国家的研究者也是如此。如美国经济学家小艾尔弗雷德·杜邦·钱德勒教授说：“家族企业只是在工业化经济初期十分流行，随着工业化经济的发展及企业组织的进化，家族企业会逐渐消亡。”

在钱德勒看来，家族企业是必然会消亡的。不过，我与之持相反的观点。我认为，家族企业会一直存在下去，直到人类灭亡。正是主流的经济学家不看好家族企业，才引发了一场场的争论。

由于历史的原因，中国上万家百年家族企业戛然而止，新中国时代的家族企业也才有30多年的历史，自然也就无法证明中国家族企业是一个长寿组织。但是当我们纵观世界，纵观历史，把研究的地域扩展至日本、东南亚、世界华侨圈，以及欧美时，我们陡然发现，家族企业不仅大量存在，甚至还有的已存在了 1 000 多年。

在这样的背景下，我如同一个孤寂的探险者，开始漫步在研究家族企业的丛林中。当我惊奇地发现，家族企业比我们媒体报道的要精彩时，激动的内心和时代责任感促使我继续研究下去，因为在当下这个镀金时代，几乎没人愿意为家族企业正名。

这不能怪商学院的教授和学者，当我们看到，某些家族企业出现在媒体的报道中时，提及的往往是家族企业存在的诸多问题，甚至还裹挟着一丝扭捏、朴素得过分的土气，以及对野蛮、无序成长的些许鄙夷。

即使经历过 30 多年高歌猛进的家族企业，在这段与中国改革开放同时展开的历史中，质疑的声音却从未间断过。

当我真正地梳理了家族企业的优势和劣势后发现，家族企业的优势被商学院教授和学者弱化了，劣势却被无限制地放大了。这样的导向无疑不利于家族企业的正常经营和发展。因此，在时代责任感和使命感的激励下，我深入地研究家族企业，在出版社编辑的支持和帮助下，把自己研究的心得付诸出版，在此深表谢意。

这里，还要感谢“财富商学院书系”的团队成员，他们也参与了本书的前期策划、市场论证、资料收集、书稿校对、文字修改、图表制作等工作。

以下人员对本书的完成亦有贡献，在此一并感谢：周梅梅、吴旭芳、简再飞、周芝琴、吴江龙、吴抄男、赵丽蓉、周斌、周凤琴、周玲玲、金易、汪洋、霍红建、兰世辉、徐世明、周云成、周天刚、丁启维，等等。

任何一本书的写作，都是建立在许许多多人的研究成果基础之上的。在写作过程中，笔者参阅了相关资料，包括电视、图书、网络、报纸、杂志等，所参考的文献，凡属专门引述的，我们尽可能地注明了出处，并在书后附注的“参考文献”中列出，并在此向有关文献的作者表示衷心的谢意，如有疏漏之处还望原谅。

本书在出版过程中得到了许多大学商学院教授、营销专家、培训师、家族企业经营者、职业经理人、媒体朋友、家族企业管理专家、业内人士以及出版社编辑等的大力支持和热心帮助，在此表示衷心的感谢。由于时间仓促，书中纰漏难免，欢迎读者批评指正。（E-mail：zhouyusi@sina.com；微信号：xibingzhou；财富书坊公众号：caifushufang001）

周锡冰

2017 年 4 月 28 日于北京